AF451037

9 786150 576275

يوميات آدم في رمضان

دار حروف منثورة للنشر والتوزيع

الطبعة الأولى

الكتاب: يوميات آدم في رمضان

المؤلف: صفاء حسين العجماوي

تصنيف الكتاب: رواية

تصميم الغلاف: فريق الدار

تنسيق داخلي: فريق الدار

مراجعة لغوية: إسلام علي

رقم الإيداع: ٢٠٢٢/١٠٩٤٧م

الترقيم الدولي: 978-6-1505-7627-5

مؤسس الدار

مروان محمد

مشرف عام السلاسل

صفاء حسين العجماوي

Website: https://horofbooks.com
Fan page: http://facebook.com/horofsbooks
Email: info@horofbooks.com

هاتف جوال: ٠٠٢٠١١١٣٠٠٦٢٩٦ — هاتف جوال: ٠٠٢٠١٠٦٤٠٥٤٩٩٥

كتب حروف منثورة للجيب

سلسلة بذور التربوية

يوميات آدم في رمضان

العدد الثاني

صفاء حسين العجماوي

(١)

أهلا بكم يا أصدقائي. اقترب شهر رمضان الكريم، كل عام وأنتم بخير، ولكنه هذه المرة مختلف؛ فلقد قررت أنا وتوأمي أن نصومه. ولأن هذه أول مرة نصوم رمضان، فإنني قررت أن أقص عليكم ما مر بي خلال هذا الشهر الكريم.

أعرفكم بنفسي.. أنا آدم محمد. عمري سبع سنوات. أنا أكبر إخوتي، هذا إذا اعتبرنا أن الدقائق التي سبقتُ بها توأمي (أكرم) تسمح لي بذلك. لي أخت صغرى اسمها (صفاء) على اسم أمي، تبلغ من العمر خمس سنوات، مشاغبة كبيرة، ولكنها قطعة السكر التي لا نبدأ اليوم إلا بها. أبي ضابط في الجيش مرابض على حدودنا الشرقية (سيناء)، يغيب عنا نصف الشهر. تقول لنا أمي دائمًا عندما نفتقده، وهذا ما يحدث كثيرًا: "والدك يسهر على حماية بلدنا؛ فكل ذرة من تراب وطننا مصر أمانة في عنقه؛ فمصر حماها الله بجنودها خير أجناد الأرض" وأبي من خير أجناد الأرض، ولذلك يجب أن نفخر به. وكلما اشتقنا إليه، فلندعو الله بأن يحميه، ويعده لنا سالمًا.

أنا أحب أبي كثيرًا، وأتمنى أن أكون مثله؛ فهو مثلي الأعلى.

هل تعلمون لِمَ أفتخر باسمي، وأحبه؟

لأن أبي من أسماني إياه قبل أن يلتقي بأمي، فهو اسم صديقه المقرب الذي استشهد بين ذراعيه، وهو يدافع عن سيناء.

هل تعلمون أني أشبه أبي كثيرًا؟ حتى أن جدتي تقول لي دائمًا.. (أنت كوالدك بنفس ملامحه وطباعه عندما كان بمثل سنك). كم

5

يطربني ذلك كثيرًا! حتى أني أفتخر بذلك على توأمي أكرم؛ فعلى الرغم من أنه يشبهني كثيرًا، إلا أنه يميل إلى أمي طباعًا، كما أنه يملك عينين كعيني أمي.

أما (صفاء) الملقبة بـ(الأميرة صافي)، فهي نسخة طبق الأصل عن أمي، كما يحلو لجدي قول ذلك كلما رآها. ولأنها الصغرى فهي المدللة والأثيرة عندنا جميعًا. وعلى الرغم من سنوات عمرها الخمس، إلا أنها تعلم مكانتها عند الجميع، وخاصة أبي الذي يخبرنا دائمًا أنه يحبها كثيرًا؛ لأنها قطعة من أمي التي يعشقها، فكم تمنى أن يرى أمي وهي تكبر أمام عينيه، فوهبه الله أختي الصغيرة ليرى فيها أمي.

(٢)

اليوم هو أول يوم في شهر رمضان الكريم، وكعادة كل رمضان نستهله بالدعاء لأبي أن يحفظه الله؛ فهو الآن بسيناء يحمينا. في صباح الأمس هاتفنا أبي ليطمئن علينا، وليهنئنا بقدوم الشهر الفضيل. أنهى أبي المحادثة، فجلست لأفكر، فاقتربت مني أمي لتسألني عن سبب شرودي، فسألتها: "هل يصوم أبي وأصدقاؤه في سيناء؟ فالجو شديد الحرارة، وسيناء كما يحكي أبي صحراء ساخنة جدًا"

ابتسمت أمي، وضمتني أنا وإخوتي بين ذراعيها، وأجابت: "أجل يا حبيبي. هل تعلم أن جنودنا البواسل في حرب أكتوبر حاربوا لتحرير سيناء وهم صائمون، اقتداءً بصحابة رسول الله ﷺ والمسلمين الأوائل الذين كانوا يصومون في الحروب لينالوا الشهادة أو النصر وهم صائمون؟"

قبّلنا أمي أنا وإخوتي، ثم جلسنا سويًا لنتشاور في فكرة تملأني؛ سوف أصوم رمضان كله، وحتى المغرب كأبي، وكصحابة النبي ﷺ. حاورتني أمي قائلة: "أنت صغير، ولست مكلفًا بصوم الشهر كله مثلنا. يكفيك حتى العصر"

غضبت منها، وقلت: "أنا كبير يا أمي. أريد أن أكون مثلكم، وأتقرب إلى الله بالصوم"

وبعد مناقشات كثيرة أقنعتها بأن تتركني أصوم، فإذا تعبت أفطرت؛ فالله لا يكلف نفسًا إلا وسعها.

واليوم أنا وأكرم صائمان للمغرب، أما (صافي) فلم تأكل مدعية الصوم، غير أنها تشرب الماء بكثرة. وعندما أخبرتها أنها غير

صائمة، أمسكت خصرها بيديها في وضعية تحدٍ، وقالت: "إني صائمة!" وتركتني غاضبة.

ما إن غضبت أميرتي الحلوة حتى لحقتُ بها في غرفتها، لأجدها متكورة على نفسها وهي تنظر إلى الحائط. اقتربتُ منها بحذر، وأنا أناديها بـ ''أميرتي الجميلة''، فأشاحت بوجهها عني، وقالت: ''إني صائمة يا (دودو)!''

ضحكتُ من قلبي؛ كم أعشق نداءها لي بـ(دودو)! ثم احتويتها بين ذراعيّ، وقبلت رأسها مثلما أفعل دائمًا عندما تغضب مني، فارتخى جسدها، وجلست، وقالت لي، وهي تنظر بعين مستعطفة: ''دودو، أنا صائمة''

ابتسمت، وقلت لها: ''الصوم أن لا نأكل، ولا نشرب. وأنتِ تشربين المياه بشكل مهول، فأصبحتِ مثل الباندا''

ضحكتُ كثيرًا حتى امتلأت عيناها بالدموع؛ فهي تحب الباندا كثيرًا حتى أن دميتها التي تغفو بجانب سريرها هي باندا عملاقة، اشتراها لها أبي من محل ألعاب في الصين عندما كان هناك. جرت (صافي) إلى الباندا الغافية، وأجلستها، وقالت لها وهي تتصنع الغضب: ''قال عني (دودو) أنني باندا، إذن فأنتِ صافي''

ثم ضحكت، وجرت عليّ، وقبَّلت وجنتي، والتفتت تسأل عن أكرم، الذي سمع نداءها المحبب (كيرو)، فأقبل ملبيًا نداءها وهو يضحك. أمسكت به صافي، وقالت: ''لقد قال عني (دودو) أنني باندا، ولستُ صافي''، وأخذت تضحك.

قبّل (أكرم) رأسها، ولف ذراعيه حول كتفيها، وقال: ''بل أنتِ الأميرة المحبوبة صافي''

ضحكت صافي، وقبلت وجنته، ثم أمرته بأن يعاقبني على جريمتي الشنعاء. وقف أكرم، وقال بصوت حاول جعله وقورًا، وهو يخفي ضحكاته: "حكمنا عليه بأن يقف أمام الباندا الملكية، ويخبرها أنها باندا، ويحملها ويدور بها خمس مرات، ثم يقبّلكِ ويقول لك (أنتِ الأميرة المحبوبة (صافي) الجميلة)" ضحكنا جميعًا، ونَفَّذتُ عقوبتي بين ضحكات (صافي) الصافية، وضحكات (أكرم) القوية، ثم أخذنا نلعب حتى أذان العصر.

وكعادتنا كل رمضان، ما إن يؤذن العصر، حتى نصلي، ونذهب إلى بيت جدي لأمي، وهو يقع بالشارع الخلفي لمنزلنا.

في بيت جدي المعنى الحقيقي لرمضان؛ فجدتي وخالاتي يذهبن إلى المطبخ، حيث تجري عمليات الطبخ، وجدتي تتسامر معهن وهن يعملن، إلا أنها تحتفظ بأحد الأصناف المميزة لها لتعدها بيديها.

أما نحن، فنركض إلى غرفة جدي، حيث يجلس يقرأ القرآن بعد صلاة العصر، ليرحب بنا جميعًا نحن وأبناء خالاتي، وينادي على خالي لِيُجالسنا.

وكعادتنا يبدأ جدي في اختبار حفظنا للقرآن، ويعطينا درسًا صغيرًا، قبل أن نذهب معه إلى حجرة المعيشة، لنستمع إلى حديث الشيخ الشعراوي في التلفاز.

حان دوري ليمتحنني جدي في حفظ القرآن.

سألني بهدوء: ''هل توضأت يا آدم؟''

فأجبته بـ(نعم)، فقال لي: ''أسمِعنا قول الحق سبحانه وتعالى في سورة النازعات''

كانت ابتسامة جدي مطمئنة ومشجعة. اتخذتُ وضعيته في القراءة، ثم أسمعته غيبًا السورة كلها دون أخطاء.

ابتسم جدي، وقال لي بحب، وهو يقبل جبيني: ''اليوم أنت الأفضل؛ فلا أحد غيرك أجاد الحفظ دون أخطاء''

ثم التفت إلينا جميعًا، وقال: ''اليوم سأسألكم وتجيبون. ما هي أركان الإسلام؟''

رفع (أكرم) يده أولًا، فأشار له جدي أن يجيب.

أجاب (أكرم) بجد: "قال رسول الله ﷺ: ﴿بني الإسلام على خمس: شهادة أن لا إله إلا الله، وأن محمدًا رسول الله، وإقام الصلاة، وإيتاء الزكاة، وصوم رمضان، وحج البيت لمن استطاع إليه سبيلًا﴾. صدق رسول الله ﷺ"

ابتسم له جدي، وقبله، وقال له: "رائع يا أكرم، أحسنت! لقد ذكرت الحديث دون أي خطأ، اليوم أنتما مميزان"

نظرت له صافي، وقالت بتجهم: "وأنا يا جدي، ألم أكن مميزة!؟"

ضحك جدي وخالي كثيرًا، ثم ضمها جدي بين ذراعيه، وقبلها قائلًا: "الأميرة (صافي) وأحفادي جميعًا مميزون. حفظكم الله لي"

تذكر خالي موعد حديث الشعراوي، فهرولنا جميعًا حيث التلفاز. ما إن تبدأ موسيقى البرنامج حتى يشير لنا جدنا بالصمت، والتزام الهدوء. نجلس جميعًا بهدوء، تأتي جدتي وأمي وخالاتي بعد أن انتهين من الطبخ ليتابعن الشيخ بانتباه شديد.

جرت صافي، وجلست بين ذراعي أمي، والنوم بدأ يتملك منها. بينما جلستُ أنا وأكرم بجوار خالي الذي أحاطنا بذراعيه.

بعد أن بدأ البرنامج، شعرتُ بضعف شديد وأخذ رأسي يدور. انتبهت أمي لي، فوضعت أختي النائمة على الأريكة التي كانت تجلس عليها، وركضت نحوي. وحملتني قبل أن أذهب في إغماءة قصيرة.

أفقت من إغمائتي لأجدني بين ذراعي أمي، ووجهها القلِق ينظر إليّ مرعوبًا، وحولها إخوتي، وجدي وجدتي، أما خالاتي وأولادهن وخالي فكانوا يقفون بباب الغرفة ينتظرون بقلق. حاولتُ أن أجلس، أو أطمئنها، فإذا بها تسقيني كوبًا به ماء بالعسل الأبيض، حاولت الرفض فغضبت مني، فشربته وأنا حزين. بعد أن انتهيت منه، قلت لها بحزن شديد: ''الآن أنا أفطرت!''

نظرت إليّ بحب، وقبلت وجنتي، وأخذتني بين ذراعيها. قبلني جدي وجدتي، وأخذوا الجميع ورحلوا، إلا أن (صافي) وأكرم رفضا التحرك، وأمسك كل منهم بإحدى يديّ. أرحت رأسي على قلب أمي لأستمع إلى نبضاته الدافئة.

قلت لها بحزن: ''الآن أفطرت ولم أكمل اليوم. لقد ضاع مني اليوم أمي. كنتُ أريد أن أكون مثلكم ومثل أبي''

قبلت أمي رأسي، وقالت بحب: ''حبيبي آدم، هل تظن أننا وخاصةً أبوك ونحن بعمرك كنا نصوم اليوم بأكمله؟''

التفتُّ لها بلهفة، وكذلك (أكرم) والذي كان قد أفطر قبل نزولنا من المنزل، وكان حزينًا لذلك. ابتسمت أمي، وأكملت: ''بالطبع لا؛ لم نكن نستطيع صوم اليوم كله، خاصة إذا كان الجو شديد الحرارة. كنا نصوم كالكبار حتى الظهر أو بعده بقليل، ثم نفطر.. ولكن كنا مهذبين؛ لا نفرط في الأكل، ولا نأكل أمام الجميع احترامًا للصائمين''

ابتسمنا، وقال أكرم: ''هذا يعني أننا مثلكم يا أمي؟ هذا رائع''

أما أنا فسألتها بلهفة: "ومتى استطعتم صوم اليوم بأكمله أمي؟؟"

ضحكت، وقالت: "لأول مرة بعمر العاشرة، ولم يكن طوال الشهر؛ فقط الأيام غير الحارة"

ابتسمت لها وقلت: "هذا رائع! غدا سأصوم أنا إلى العصر كأكرم اليوم"

ضحكت وقالت لي: "هذا إذا أصبحتَ معافى تمامًا، أما إذا ظللت متعبًا فلن تصوم"

قفزت من بين ذراعيها، وأخبرتها أني بخير، فضحكت كثيرًا وقالت: "هيا بنا إذن لنساعد خالاتك بوضع طعام الإفطار على المائدة؛ فالمغرب اقترب"

أسرعنا جميعا لنساعد في إعداد المائدة. كانت (صافي) مصرة على أن تحمل طبق التمر من المطبخ إلى حيث يجلس جدي، الذي استقبلها بفرحة، وأجلسها بجواره. مما جعلها تنظر لنا بفخر وعزة.

انتهينا من إعداد المائدة، فقال جدي: "يا أحفادي، اجلسوا بجواري"

فجلسنا جميعًا، فسألنا: "من منكم يعرف لماذا تشعر (صفاء) بالفخر لإحضارها لي طبق التمر؟"

كان (أكرم) كالعادة أسرعنا، فأشار له جدي بأن يجيب وهو يبتسم له مشجعًا، فبادله (أكرم) الابتسام، وقال: "قال رسول الله ﷺ: ﴿من فطَّر صائمًا فله مثل أجره دون أن ينقص ذلك من أجره شيئًا﴾. صدق رسول الله ﷺ"

فرد جدي ذراعيه لأكرم ليندفع (أكرم) بين أحضانه، ويقبله جدي مهنئًا إياه على سلامة حفظه، ثم التفت إلينا وقال: "هل تعرفون معنى الحديث؟"

فرفعتُ يدي، فابتسم لي وهو يقول: "أجب يا أكبر أحفادي"

ابتسمت وقلت: "هذا يعني أني سآخذ مثل ثواب الصائم، دون أن ينقص ثواب الصائم نفسه؛ فالله كريم، ومن كرمه يعطيني ثواب الصوم لأني أفطَّر الصائم"

قبلني جدي وقال: "أحسنت يا ولدي. فلأننا نصوم لله، فإن الله (أكرم) الأكرمين يجازينا خيرًا من فضله بثواب الصوم نفسه".

ثم التفت إلينا وسأل: "هل يعرف أحدكم ما هو ثواب الصائم؟"

وقبل أن يجيبه أحد، ارتفع صوت المؤذن، ليُعلِمنا بأذان المغرب، ولنقبل جميعا على الإفطار.

ارتفع أذان المغرب في المسجد المجاور لمنزل جدي. دائما ما يتذكر جدي وخالي مؤذن المسجد السابق، الذي كان يرفع الأذان بعد خمس دقائق من وقته، ولا يلتزم برفع الأذان في وقته مهما حدّثه الناس؛ ظننا منه أنه بذلك يضمن دخول وقت الأذان.

مد جدي يده إلى صحن التمر، وبدأ في ترديد الدعاء ونحن معه قائلًا: "اللهم إني لك صمت، وعلى رزقك أفطرت، وبك آمنت، وعليك توكلت.. ذهب الظمأ، وابتلت العروق، وثبت الأجر إن شاء الله"

ثم يبدأ في تناول من ثلاث لسبع تمرات على سبيل السنة. أذكر أنه قال لي يومًا: "آدم، إننا نفطر بعدد فردي من التمرات كما كان يفعل رسول الله ﷺ"

كانت أمي دائمًا الأسرع في أداء الصلاة، وعندما نسألها عن السبب تقول: "لا تتأخر عن الصلاة أبدًا. أتحب أن يتأخر عنك رزقك، فرحك، وكل ما تحب؟ إذا تأخرت عن الصلاة تأخر عنك كل شيء"

جرت أختي لتصلي مع أمي، ولحقت بها خالاتي وأبناؤهن، غير أني وأكرم انتظرنا لنصلي مع جدي، الذي أنهى التمرات، وشرب بعض من عصير (الخشاف)، ثم تمضمض، وأمرنا أن نذهب إلى الصلاة.

(٨)

بعد أن صلينا جميعًا، وقبل أن نجلس لتناول الإفطار، دق جرس الباب، ركض خالي ليفتح الباب، فإذا بأزواج خالاتي بالباب، يعتذرون عن القدوم متأخرين؛ فالمواصلات قبل الإفطار بطيئة بسبب الزحام.

لا أدري لماذا شعرت بالوحشة، فالتفتُّ إلى (أكرم) فوجدته كذلك، فرفعنا عينينا، فإذا بأمي تبتسم بحنان، وهزت رأسها؛ لقد عرفت مدى اشتياقنا لأبي.

تناولنا طعام الإفطار الشهي، وأزواج خالاتي يحكون ما مر بهم حتى يلحقوا بنا على مائدة الإفطار، بشكل ساخر أضحكنا جميعًا، وكيف أنهم أدركوا الصلاة في المسجد المجاور، والذي استقبلهم على بابه طفل صغير ليعطيهم ثلاث تمرات لكل فرد ليفطروا.

بعد أن انتهينا من طعام الإفطار، سارعنا جميعًا لرفع الطعام وتنظيف المائدة، وتناول بعض الفواكه وحلوى رمضان الشهيرة (القطائف والكنافة)، بجانب كوب من الشاي. ونحن نجلس مع جدي الذي يقص علينا ذكرياته في رمضان عندما كان صغيرًا.

سرقنا الوقت سريعًا، ورفع المؤذن أذان العشاء. أقبلت أمي علينا لتبدل ثيابنا سريعًا حيث أننا سنعود إلى المنزل؛ فخالي سيوصلنا إلى المنزل قبل ذهابه إلى الصلاة.

ودَّعناهم، ونزلنا مع خالي، وقبل أن نصل إلى شقتنا سألتُ أمي أن تسمح لي أنا وأكرم لنذهب إلى الصلاة مع خالي، غير أنها

قالت بهدوء: ''لقد كنتَ مريضًا جدًا عصر اليوم، ولذلك لا أستطيع أن أسمح لك بالذهاب؛ حتى لا يعود لك المرض وتتعب خالك معك''

هززت رأسي بحزن، وودعنا خالي، وصعدنا إلى المنزل.

ابتسمت لي أمي، وداعبت شعري، وقالت: ''لا تحزن؛ ربما تصليها مع والدك عندما تتعافى''

نظرت لها بلهفة وسألتها: ''وهل سيأتي أبي غدًا؟''

ضمتني أمي أنا وإخوتي، وقالت: ''لندعو الله أن يعود لنا سريعًا، ولذلك يجب أن نسرع إلى الصلاة، وندعو الله أن يُعِده لنا سالمًا قريبًا''

ركضنا جميعًا لنتوضأ، وقامت (صافي) بفرش سجاد الصلاة، ووقفنا جميعًا لنصلي العشاء والتراويح، وندعو الله بأن يعود لنا أبي سريعًا.

(٩)

وقفت أمي لتأمّنا في الصلاة وأنا وأكرم بجانب، وصافي بالجانب الآخر. كان صوت أمي عذبًا، تقرأ بهدوء يتيح لنا أن نردد خلفها. كانت أمي تقرأ بالسور التي نحفظها، مما أسعدنا وأشعرنا بأننا كبار؛ فنحن نصلي مثلهم. أنهت أمي صلاة العشاء، وأعطتنا خمس دقائق قبل أن نصلي التراويح. استغل (أكرم) الراحة وسألها: "أمي، لماذا تصلين بهدوء وتقرئين السور التي نحفظها ببطء!؟ فنحن نحفظها حفظًا جيدًا" ابتسمت أمي واحتضنته، وقالت: "عندما نصلي يجب أن نخشع، أي نشعر بأننا بحضرة رب العالمين، ويسمى أيضًا بـ(الاطمئنان)، وهو أحد أركان الصلاة كما قال الإمام الشافعي ـ رضي الله عنه ـ وبدونه لا تصح الصلاة. هذا يعني أننا وإن كنا نحفظ تلك السور والآيات، فيجب علينا أن نقرأها بهدوء، ونعطي لكل حرف منها حقه في التلاوة، والهدوء ليس في القراءة فقط، بل في كل حركات الصلاة، وفي الركوع والسجود. هل فهمت يا كيرو؟"

ثم داعبت شعره، وهو يجيبها: "أجل فهمت يا أمي"

ثم قامت أمي لتصلي بنا التراويح ركعتين ركعتين، وبين كل أربع ركعات استراحة، ندعو فيها لأبي بأن يحميه الله، ويعيده إلينا سالمًا غانمًا قريبًا. قبل أن نصل إلى الركعة السادسة نامت (صافي) على سجادتها الصغيرة، انتبهت لها أمي بعد التسليم، فحملتها، ووضعتها بفراشها، وعادت لنكمل الصلاة. كان النعاس يحاوطني أنا وأخي بعد أن أنهينا الثماني ركعات، فقالت

لنا أمي: "يمكنكما الذهاب إلى فراشكما؛ فأنا سأصلي الشفع، وألحق بكما"

سألتها: "ما هو الشفع؟"

ابتسمت أمي وقبلت جبيني، وهي تحتضني وقالت: "الكل صلاة مفروضة صلاة سنة، والصلاة المفروضة هي التي يجب أن نصليها بوقتها، وإن تركناها عوقبنا من الله، وغضب منا، وهي صلاة الصبح، والظهر، والعصر، والمغرب، والعشاء. أما الصلاة السنة فهي التي كان يصليها النبي ﷺ تقربًا لله، وإذا قمنا بأدائها أعطانا الله ثوابًا، وإن تركناها لم نُعاقَب، ولكننا نصليها كما كان يصلي النبي المصطفى، والشفع هو ركعات زوجية أقلها اثنين. وهناك أيضا الوتر، وهو مثل الشفع ولكنه ركعات فردية أقلها ركعة، وأنا أؤخرها لآخر الليل لتكون آخر صلاة في الليلة كما قال رسول الله ﷺ"

قبّلتُ أمي واعتدلت لأصلي معها، ووقف بجانبي أكرم. نظرتْ لنا أمي متسائلة، فقلت لها: "سنصلي الشفع كما كان يصلي سيدنا محمد ﷺ"

ابتسمت لنا أمي ابتسامة واسعة شعرنا بها بأننا بين أحضانها، وأنها فخورة بنا. أعدك يا أمي أن أجعلك فخورة بي، وأن أرضي ربي، وأفعل كما فعل سيدنا محمد ﷺ.

ما إن انتهينا من صلاتنا، حتى رفعت أمي يدها بالدعاء لله، ونحن نردد وراءها.. "آمين"، ثم جلست لتختم الصلاة، وتُسبِّح ونحن معها. وقبل أن نرفع سجاد الصلاة، إذا بطرقات مميزة على باب منزلنا، هذه الدقات يحفظها قلبنا جيدا، حتى أن (صافي) استيقظت، وأخذت تركض تجاه الباب، وهي تقول: "أبي، لقد عدتَ أخيرا!!"، ونحن من ورائها.

فتحنا الباب، فإذا بأبي يترك حقائبه، ويضمنا بذراعيه، ويقبلنا ونقبله بحب وشوق شديدين. ووقفت أمي تشاهدنا، وهي تبكي فرحًا وتحمد الله. تركنَا أبي وركض إلى أمي ليقبل جبينها ويسلم عليها.

حمل أبي حقائبه بيد، وبالأخرى يحمل (صافي) التي تعلقت برقبته، ورفضت ترك أبي. كان أبي يضحك ويخبرها أن تنتظر حتى يضع الحقائب بمكانها فرفضت، حاول إغراءها بأن تتركه يُخرج لها هديته دون جدوى، وهي تقول: "كلا؛ فأنا اشتقت إليك كثيرًا. أنت هديتي، لن أتركك"

قبّلها أبي، وضمها بقوة، وظل ينقل الحقائب، وهي على كتفه، ثم جلس على الأريكة، وهو يضمنا بين ذراعيه، ويقبلنا وهو يقول: "كانت مفاجأة من قائد الكتيبة؛ فقد أعطاني إجازة استثنائية لمدة اثنتين وسبعين ساعة كاملة"، ثم التفت لي أنا وأكرم وقال لنا: "أحضرا الحقيبة السوداء؛ فقد أحضرت لكم هدايا"

ركضنا أنا وأكرم إلى حيث الحقيبة، وحملناها وإن كانت ثقيلة بعض الشيء. أمرَنا أبي بفتحها، فإذا بها فوانيس خشبية جميلة كُتِبت عليها أسماؤنا، حتى أمي أحضر لها فانوسًا خاصا بها، كُتِب عليه"إلى رفيقة العمر، وملكة القلب". فرحنا كثيرا، وإن كانت أمي خجِلة بعض الشيء، ولكنها كانت فرِحة.

سارعنا بتقبيل أبي، واللعب بالفوانيس، حتى أن (صافي) أخذت فانوسها لتلعب معنا. تأملنا أبي بحب، ثم ذهب ليغسل عن نفسه عناء السفر، ثم يصلي.

انتظرنا أن ينهي أبي صلاته حتى نجلس معه، غير أنه أصر علينا أن ننام جميعًا، ووضعنا بنفسه في فراشنا، وقبلنا وهو يقول: "لننام سريعًا حتى نستطيع الاستيقاظ للسحور"

بعد أن تركنا أبي قلتُ لأكرم: "الحمد لله؛ لقد استجاب الله لدعائنا، وحضر أبي"

فرد أكرم: "وهل نسيت ما قالته أمي؟ (لا تؤخر الصلاة فيتأخر عليك كل ما تحب)"

فأكملتُ: "(اِدعُ الله وأنت متأكد من الإجابة؛ فالله وعدنا بالإجابة)"

لم يجبني أكرم؛ فقد غلبه النوم، وأنا كذلك.

استيقظت على صوت المنبه فزعًا؛ خفت أن يكون ما مر بي حلم، وأبي لازال بسيناء. قفزت من الفراش لأجد بجانبي الفانوس المنقوش باسمي، هذا يعني أن أبي هنا. التفتُّ فوجدت (أكرم) مثلي يمسك بالفانوس، كأنه يتأكد بأنه لا يحلم. انتبه (أكرم) لي ونظر لي نظرة أعرفها جيدًا، فركضت تجاهه ثم اتجهنا معًا إلى حيث أبي. كنا نركض بلهفة حتى أننا لم ننتبه إلا عندما اصطدمنا بأمي، التي نظرت لنا بحب وداعبت شعرنا، ثم أشارت إلى غرفة المعيشة. ركضنا سريعًا فوجدنا أبي يمسك بسجادة الصلاة. ابتسم لنا أبي، فركضنا إلى ذراعيه الممدودين لنغوص في حنانه، ودفء قلبه، والأمان بين ذراعيه. اشتقنا إلى أحضانه، وإلى قبلاته، وإلى مداعباته لنا. نظر أبي إلى عينينا، وقال بحماس: "هيا يا رجال إلى الوضوء"، ثم نظر إلى ساعته وقال: "هيا الآن"

ركضنا لنتوضأ حتى نعود سريعًا. عدنا ليبتسم لنا أبي وهو يرفع عينيه عن الساعة ويقول: "رائع! سبع دقائق يا رجال" ضحكنا جميعًا، وأسرعنا بالوقوف بجانب أمي خلف أبي. كان صوت أبي دافئ وعذب، وهو يقرأ القرآن ونحن خلفه، كم افتقدنا الصلاة خلفك يا أبي! انتهينا من ركعتي القيام والوتر. فنظر لنا أبي وقال بصوت قوي حماسي: "هيا يا رجال لنرفع سجاد الصلاة، ولننطلق لمساعدة أمكم في إعداد السحور! هيا لا مكان للكسل!"

ركضنا جميعًا لننفذ الأمر. كانت أمي تبتسم لنا، ونحن نأخذ منها الصحون، ونضعها على مائدة الطعام، أما أبي فكان يساعدنا، ويحمسنا لنسرع، ولكن على أن نؤدي العمل على الوجه الأكمل.

التفتت أمي إلينا لتسألنا عما إذا كنا نريد بيضًا أم شيئًا آخر. أخذنا أنا وأكرم نفكر بصوت عالٍ، كنا مترددين، ابتسم أبي، وأجاب أمي: "سيكون البيض رائعًا، شكرًا يا حبيبتي"

أسرعت أمي تعد البيض، وأبي يقول لنا بهدوء: "لا تحيرا أمكما هكذا.. كونا حاسمين، وتحملا نتيجة اختياركما"

نظرت لأبي وسألته: "وهل تختار ما تأكله في الجيش يا أبي؟ ماذا تأكل هناك؟"

ضحك أبي بقلب صافٍ، وربت على كتفي، وأجاب: "في الجيش لا نملك رفاهية الاختيار. إننا نأكل ما يصرف لنا، ونحن نحمد الله على ما وهبنا إياه"

أحضرت أمي البيض، وأخذت توزع علينا الخبز. أمسك أبي برغيف الخبز ـوالذي اعتدنا التذمر لأنه قديم بعض الشيءـ وقال لنا: "هل تريان هذا الرغيف؟ نحن لا نراه في الجيش؛ فهذا أكثر من أحلامنا. هناك يُصرَف لنا خبز يسمى (جراية)، وهو خبز جامد نأكل منه ما نستطيع، ثم ندفنه بالرمال حتى لا يفسد، ولتحمصه الشمس لنأكله عندما لا نجد ما نأكله. والحمد لله أننا نجده"

ثم التفت إلى أطباق الطعام، وقال لأمي بحب: "سلمت يداكِ، لم تنسي شيئًا أحبه"، ثم نظر لنا وأكمل: "في الجيش نأكل أي شيء وكل شيء. هذا الجبن الذي ترونه لا نراه؛ فما يصرف لنا جبن معلب مطبوخ يشبه البلاستيك، وهذه المربى لا نعرفها؛ فما يصرف لنا علبة صغيرة لا يمت طعمها لأي مربى

معروفة، بل هي مجرد شيء حلو فقط. حتى الفول الذي يصرف لنا معلب لا يقترب طعمه من الفول من الأصل، ولكننا نحمد الله على توفرهم، ونأكلهم برضى"

أنهى أبي الكلام وشرع في تناول طعام السحور، فأخذنا نأكل كل ما وُضع أمامنا دون تذمر، كعادتنا في غياب أبي.

أنهينا طعام السحور، وشرعنا نساعد أمي، ووقف أبي بجانبها يده بيدِها ليساعدها. سألَنا أبي وهو يأخذ من أيدينا الصحون الفارغة: "هل يعرف أحدكما لما نتسحر؟"

رفعتُ يدي أنا وأكرم، فأشار لي أبي أن أجيب، فقلت: "قال رسول الله ﷺ: ﴿تسحروا فإن في السحور بركة﴾. صدق رسول الله ﷺ"

ابتسم أبي، وقبّل جبيني وهو يقول لي: "أحسنت"

همَّ أبي بسؤال أكرم، غير أن الجامع المجاور لنا رفع أذان الفجر، لنذهب جميعًا إلى الصلاة في الجامع كما اعتدنا مع أبي.

دخلنا إلى المسجد لنجد لنا مكانًا بالصف الأول. كان أبي يقف بيننا. أمرنا أن نصلي ركعتين تحية للمسجد، ثم ركعتين سنة الفجر. ما إن انتهينا من الصلاة حتى ارتفع صوت إمام المسجد بإقامة صلاة الصبح.

انتهينا من الصلاة، ثم جلسنا بجوار أحد الأعمدة البعيدة عن الناس، وأمسك أبي بالمصحف، وأخذ يقرأ بصوت خفيض، وببطء حتى نردد خلفه. ظللنا هكذا حتى أشرقت الشمس، فقام أبي ووضع المصحف بجيبه، وغادرنا المسجد.

في أثناء عودتنا إلى المنزل، قال لنا أبي: ''هل تريدان أن تعرفا قصة هذا المصحف؟''

أجبنا أبي بحماس بالموافقة، فهز رأسه وقال لنا، وهو يُخرجه من جيبه، ويرينا أثر الرصاص على غلافه، وقطرات الدم التي تغطي أول ثلاث ورقات. دققنا النظر فإذا بالدم ينتهي عند صفحة كتب عليها (أهدي إليك)، قال أبي: ''هذا المصحف له شقيق توأم، هل تعلمان مع من هذا التوأم؟''

هززنا رأسينا بالنفي، فأشار إلى الاسم الذي انتهى به الإهداء، فإذا به اسم أمي! ضحكنا، فأكمل أبي: ''قبل أن أخطب أمكما، اشترتْ مصحفين، وسبحتين، وعاهدت نفسها أن يكون أحدهما لها والآخر لزوجها. وعندما تمت الخطبة أعطتني المصحف والسبحة. كنتُ دائما أضع المصحف في جيب قميصي بجانب قلبي، والسبحة ملتفة دائمًا على يدي اليمنى''

ومد لنا يده لنراها، وهو يقول: ‫"‬كنت دائمًا أقرأ في المصحف قبل النوم، وعندما أستيقظ وبعد الصلاة، أما السبحة فكنت أسبِّح بها طول الوقت. وفي إحدى مهامنا على الحدود هاجَمَنا بعض المسلحين، وتبادلنا إطلاق النيران، وانتصرنا عليهم وأسرناهم. غير أني لم أصَب بأي خدش، ولكن صديقي المقرب يوسف قد أصيب، وحملته على كتفي، وأسرعت به إلى المشفى. وهناك سألني الطبيب إذا كنتُ أصبت فنفيت. جلست أنتظر في المشفى لأطمئن على المصابين، فقررت أن أقرأ لهم بعضًا من آيات القرآن، فأخرجت المصحف من جيبي، فوجدت آثار الرصاص على غلافه، ودماء يوسف قد ملأت أول ثلاث صفحات حتى الإهداء، الذي قرأته وكأنه لأول مرة، هيا لنقرأه سويًا"

ثم أخرج المصحف، وقرأ الإهداء وكان:

‫"‬إلى خطيبي الغالي، وزوج المستقبل (محمد)..

أهديك أغلى ما يمكن إهداؤه لبشر، ألا وهو كتاب الله؛ عسى الله أن يحميك بفضله، ولتعلم أني أملك توأمًا لهذا المصحف، والذي سيكون مصحفي الدائم منذ اللحظة التي أعطيك فيها مصحفك، سيكون معي أينما كنت، وعندما أشتاق إليك، وأفتقد صوتك، سأخرجه لأقرأ بعض من آيات الله فيه، وأدعو لك، لتكون هديتي لك في غيابك قراءة للقرآن، ودعوة بأن يحميك الله، ويحفظك ويعيدك إليّ سالمًا.

خطيبتك صفاء"

كان أبي يقرأ، وصوته يرتعش بالبكاء، ودموعه تملأ وجنتيه. قال لنا: ‫"‬لقد كنتُ دائمًا ما أقرأ الإهداء قبل أن أقرأ في مصحفي، ولكني لم أشعر بمعانيه إلا وقتها. لقد حماني الله

بفضل ذلك المصحف، وتلاوتي القرآن منه، ومن يومها لا يفارقني ولا أفارقه، أقرأ فيه دائمًا"

انتبه أبي لبكائنا معه، فمسح دموعنا ودموعه، وقال لنا بمرح: "هيا بنا لنُسرع إلى المنزل قبل أن تعلن أمكما عنا في برامج المفقودين"

ضحكنا وركضنا إلى المنزل، فإذا بأمي واقفة أمام الباب غاضبة من تأخرنا، ابتسم لها أبي معتذرًا ونحن أيضًا، فتناست غضبها، وأدخلتنا معاتبة لجعلنا إياها تقلق. ما إن التفت أبي إلى المنضدة إلا ووجد مصحف أمي ذاك الذي كان يحكي لنا عنه، وسألها بحب: "ألازلتِ تقرئين به؟"

فأجابت بحب أكبر: "أجل، وسأظل كذلك لآخر العمر"

وقبل أن يجيبها أبي، وجدنا (صافي) تدخل علينا غاضبة، وهي تقول: "حسنًا.. تركتموني جميعا نائمة، ولم تهتموا بي.. لن أحادثكم جميعًا"

وتركتنا عائدة إلى غرفتها، ونحن جميعًا نركض وراءها لنسترضيها.

ركضنا جميعا خلف (صافي) الغاضبة. وجدناها في فراشها تحتضن الباندا وهي تبكي. حاولتُ أن أقترب منها فرفضت، وكذلك فعلت مع أكرم. نظرت إلينا بعيون محمرة من البكاء ممتلئة بالغضب، وهي تقول: "أنا غاضبة منكما (دودو) وكيرو، لا تكلماني، أنتما لا تحباني"

حاولنا أن ننفي الاتهام الباطل دون جدوى؛ كان ترفض حتى أن نقترب من فراشها. حاولت أمي أن تقترب منها، فوضعت (صافي) الباندا في مواجهتها، فتوقفت أمي حزينة، ونظرت إلى أبي تطلب منه النجدة. فربت على كتفها، وتقدم من صافي، وهو يقول: "أميرتي الحلوة، (صافي) الجميلة، هل تسمحين لوالدك أن يتحدث معك قليلًا؟"

وضعت (صافي) الباندا بجانبها، وقالت بتحدٍ: "أنا غاضبة منك كثيرًا يا أبي، أنت لا تحبني، جميعكم لا تحبونني"، ثم أخذت تبكي.

اختطفها أبي محتضنًا إياها، وأخذ يقبلها، وهو يقول: "كلا يا حبيبتي وأميرتي، أنتِ ابنتي الحلوة"

هدأت (صافي) قليلًا، ثم عاودت الهجوم قائلة: "ولكنك تركتني نائمة. الجميع تركني، وتسحرتُ من دوني، وخرجت مع (دودو) وكيرو"

قبّلها، وهو يمسح على شعرها بحنان: "لقد كنتِ متعبة جدًا، ونمتِ بعمق فخفتُ أن أوقظك. أردتُ أن تنامي وترتاحي. أما

(دودو) وكيرو فلقد استيقظا على صوت المنبه، وخرجنا للصلاة فقط يا صافي. كيف أخرج دون أميرتي الحلوة!؟"

صاحت (صافي) بفرح، وهي تقبل أبي: "أحبك أبي، وأحبكم جميعًا، لكن لا تتركوني نائمة وحدي، أريد أن أكون معكم، كما أني أفتقدك كثيرًا يا أبي"

ثم ركضت نحو أمي ونحونا لتقبلنا، ونحن نعدها بألا نفعل ذلك مجددًا.

يا ربي كان غضبها كبيرًا! هذه أول مرة تغضب هكذا. كم شعرنا بالحزن وبكينا عندما رفضت أن نقترب منها!

احتضنتها أمي، وقالت لها: "هيا لتغتسلي وتتناولي طعامك"

نظرت لها (صافي) وقالت: "أريد طعامًا مثل ما تسحرتم به، وأن يطعمني أبي، وأن يجلس معي (كيرو) ودودو"

ضحكنا وانطلقنا جميعًا إلى حيث المطبخ لنحضر لها الطعام. كنا نضحك ونقص عليها الحكايات، وأبي يمازحنا، وأمي تستمع إلينا بحب.

مر الوقت وأصبحت العاشرة صباحًا. جميعنا يتثاءب بقوة، حتى أن (صافي) قد أصيبت بالعدوى وشعرت بالنعاس، فركضت إلى حضن أبي لتنام، بينما ارتمينا أنا وأكرم بحضن أمي متعبين.

قال لنا أبي بصوت ناعس: "هيا بنا جميعا لننام؛ حتى يمكننا الذهاب إلى جدكم، فنحن يجب ألا نتأخر"

ثم حمل (صافي) النائمة إلى فراشها، ثم عاد إلينا ليحملنا كذلك إلى فراشنا، وقبّلنا جميعًا ليذهب كل منا إلى عالم أحلامه.

استيقظت أنا وأكرم متأخرين؛ فالساعة قاربت على الثانية ظهرًا. ركضنا نبحث عن الجميع، فوجدنا أبي وأمي يلاعبان صافي، ولكن بصوت منخفض لأننا نائمان. ما إن شعرت بنا أمي حتى نادت علينا، وداعبت شعرينا، وقالت لنا: "هيا اغتسلا وتوضآ وصليا الظهر. سننتظركما حتى تأتيا"

ذهبنا مسرعين، وعدنا بعد ربع ساعة. استقبلنا أبي مستحسنا فعلنا، وأجلسنا بجواره، أما الأميرة الصغيرة فقد فضلت الجلوس على قدمي أمي، مريحة رأسها على كتفها. أخذت أمي تمسح على شعرها بحب. سألَنا أبي هل نحب أن يحكي لنا قصة أم نلعب سويًا؟ اخترنا أن يقص علينا قصة، فبدأها أبي قائلًا: "سأقص عليكما اليوم مناسبة تُوافق العاشر من رمضان، هل تعرفانها؟"

قلت له مسرعًا: "حرب أكتوبر ١٩٧٣!!"

هز أبي رأسه موافقًا، ثم قال بصوت مليء بالحماس جعلنا نتابع باستمتاع: "قبل أن نحكي عن حرب أكتوبر، يجب أن نعرف الأحداث التي أدت إليها. قديمًا كان العرب والمسلمون دولة واحدة كبيرة، كانت تثير الرعب في أعدائها؛ فجنودها البواسل كانوا يحمون حدودها. ثم انشغل المسلمون بمشاكلهم الداخلية، والتنازع على الحكم، فهاجمهم أعدائهم وبدؤوا في أخذ الأراضي الإسلامية منهم، وأصبحت الدولة الإسلامية تصغر. ثم كثرت المشاكل، وتحولت الدولة الإسلامية الواحدة إلى دول كثيرة كل دولة منها لها مشاكل، وأحيانًا حروب مع

الدول المحيطة بها. استغل اليهود حالة الدول الإسلامية والعربية واحتلوا فلسطين. وأعلنوا قيام دولة إسرائيل. هنا استيقظ العرب وحاولوا إرجاع الأرض، غير أن غيرتهم ورغبة كل منهم في الزعامة، والخيانة، أدت إلى خسارة حرب 1948، واستولى اليهود على أجزاء كبيرة من فلسطين. لم تحتمل مصر والدول العربية ذلك، وذهبوا إلى الأمم المتحدة، ولكن كانت دول العالم تؤيد قيام دولة إسرائيل. بعدها قامت ثورة 23 يوليو 1952، والتي قادها ضباط من الجيش سُمُّوا بالضباط الأحرار، وعلى رأسهم الزعيم العربي جمال عبد الناصر. أخذوا في إصلاح أحوال البلاد، وأعادة قناة السويس إلى مصر"

سألت أبي بتعجب: "هل هي قناة السويس التي ذهبنا إليها الشهر الماضي؟ ألم تكن معنا؟"

نظر لي أبي، وقال بقوة: "أجل هي؛ لقد حفرها المصريون، ولكن كان يملكها الإنجليز والفرنسيون؛ ولأنها مصرية أعادها إلينا الرئيس جمال عبدالناصر"، ثم أكمل بحماس انتقل إلينا: "لم تحتمل فرنسا وإنجلترا خسارة قناة السويس، والتي كانت تملأ خزائنهم بأموال كثيرة من عبور السفن من خلالها، ليتفقا مع إسرائيل لتهاجم مصر في حرب 1956، وسميت الحرب بالعدوان الثلاثي، وهذا لاشتراك ثلاث دول فيها. هل تعرفونهم؟"

رد (أكرم) بحماس: "فرنسا وإنجلترا وإسرائيل"

قال له أبي بحماس كبير: "أحسنت يا أكرم. أنت وآدم متابعين جيدين" ثم أكمل القصة بحماس أكبر، شاركتنا فيه (صافي) التي تركت حضن أمي وجلست بجانبي: "شارك في هذه الحرب كل الشعب المصري والجيش معًا؛ فقد حاول الأعداء

مهاجمة المدن بعيدًا عن تواجد الجيش، فوجدوا الشعب رجالا ونساء وأطفالًا يحاربونهم بكل ما تصل إليه أيديهم، وقتلوا منهم الكثير، وعلَّموا الأعداء أن شعب مصر لا يستسلم، وأنهم سيحاربونهم لآخر نفس في صدورهم. وخسرت الدول الثلاث الحرب، وتركوا مصر وهم مهزومين مكسورين"

تهلل وجهنا فرحًا، وصفقت (صافي) فرحة والفخر يملآنا؛ فالشعب ساعد في طرد المحتلين، وشارك في بطولات حرب عظيمة. ثم امتلأ صوت أبي بالحزن، وهو يكمل: "ولكن الفرحة بالنصر لم تستمر كثيرا،فقد أنشغل الجيش عن تطوير نفسه، وامتلأت نفس قيادات الجيش بالغرور، ونسوا أن على حدودنا عدو خسيس ينتظر أن نغفل ليحاربنا. ولذلك حدثت نكسة 1967؛ حيث هاجمنا العدو على غفلة، وأمرت القيادة الجيش بالانسحاب غير المنظم، فكانت كارثة مروعة. أسر الكثير من ضباط وجنود الجيش المصري، واستشهد أكثر، وارتوت رمال سيناء بدماء الشهداء، وعم الحزن مصر، والعالم العربي كله؛ فقد فقدنا سيناء، والجولان السورية، وبقية فلسطين، وجزءًا من الأردن".

كنا نسمع أبي ونحن نشعر بالحزن والألم، وكنا ننظر إلى الأرض من شدة الضيق، فداعب أبي رؤوسنا وقال بصوت حماسي: "لم ترضَ مصر بالهزيمة أبدًا، وأخذ الزعيم جمال عبد الناصر يعيد تجهيز الجيش، وذهب إلى حدودنا أمام العدو ـ الذي كان يخاف من ذكر اسمه ـ وكان يحمس جنودنا الذين كانوا يطلبون منه وهم يبكون أن يتركهم يحاربون اليهود ليعيدوا سيناء. وهنا أعلن الرئيس بداية حرب الاستنزاف، وكانت حربا مشرفة لكل جندي وكل ضابط. بطولات لا تكفي كتب التاريخ لذكرها، حتى أن جيوش العالم كانت تدرسها لجنودها؛ فقد كان الجندي المصري يحارب لينال الشهادة أو ليعيد الأرض، ويُرجع لمصر اسمها، ومكانتها. كان الشعب المصري والشعوب العربية تتابع الحرب، وتشجع الجنود، وتدعوا لهم بالنصر، وكل عملية ناجحة يحتفلون بها. هل تعلمون أن إسرائيل كانت تستنجد بدول العالم لوقف الحرب؟ ظللنا نحارب حتى توفي الرئيس جمال عبدالناصر، وتولى الرئيس محمد أنور السادات، الذي أمر بوقف الحرب، وإعداد الجيش لتحرير سيناء. انتظرنا ثلاث سنوات طويلة؛ فالشعب والجيش يريدان الحرب لإعادة سيناء. اتفق الرئيس السادات مع رؤساء العالم العربي لتكون حربًا عربية لاسترداد كل الأراضي العربية التي أخذتها إسرائيل. ولذلك ساعدتنا الدول العربية؛ فقد دخلت الجيوش العراقية مع السورية مع معدات كويتية من ناحية سوريا لتحرير الجولان، وكذلك من ناحية

الأردن. أما نحن فقد ساعدتنا ليبيا بمعداتها، وكذلك الجزائر، كما حارب معنا الجيش الجزائري لتحرير سيناء، وأعلنت الدول العربية، وعلى رأسها السعودية، وقف تصدير البترول إلى الدول الغربية المساندة لإسرائيل. وفي يوم السادس من أكتوبر 1973، العاشر من رمضان، أعلنت الدول العربية الحرب على إسرائيل لتحرير الأرض. وفي تمام الثانية ظهرا في أشد أوقات اليوم حرارة، وكان جنودنا صائمين لا يهمهم إلا النصر وإعادة الأراضي العربية، أو الشهادة وهم صائمين ليقابلوا الله على أحسن حال. ولقد وفقنا الله وانتصرنا على إسرائيل، وحطمنا أسطورة الجيش الذي لا يُقهر التي كان الجيش الإسرائيلي يسمي به نفسه، وعادت إلينا سيناء التي أفخر بأني أحرسها. سيناء التي سالت عليها دماء شهدائنا لتعود إلينا. لقد أخلصوا النية لله وجاهدوا في سبيل الله فنصرهم الله. وأصبحت حرب أكتوبر تدرس لجميع جيوش العالم ويضرب بها الأمثال. ولنعلم أننا كعرب إن توحدنا كنا قوة يخشانا الجميع ولا نتصرنا، وإن تفرقنا خسرنا وهاجمونا وضعنا"

ثم نظر إلينا وقال بقوة: "من ذلك نتعلم أن نخلص النية لله في كل عمل، وأن الاتحاد قوة"

تهللنا وفرحنا، وكم شعرنا بالفخر بجيش مصر والجيوش العربية، وبأن أبي ضابط بالجيش يحمي سيناء. وتعلمنا أن نخلص النية لله وأن نتحد دائمًا.

ارتفع صوت أذان العصر، فأسرعنا لنتوضأ ولنصلي بالمنزل.

ما إن ارتفع أذان العصر حتى أسرعنا بالوضوء لنصلي خلف أبي في المنزل. تجمعنا جميعًا خلفه لا نصدر أي ضجيج ولا نتزاحم، كل منا يعرف مكانه. انتهينا من الصلاة، وأصرت أمي على أن نتناول أنا وأكرم وصافي طعامنا ونشرب قبل الذهاب إلى جدي وإلا لن نذهب. كنت آكل رغمًا عني حتى أن الدموع ملأت عيني. اقترب مني أبي وداعب شعري وهمس في أذني: ‟لا تغضب من والدتك؛ فهي تخشى عليك من التعب. أنت مثلي عندما كنت بعمرك؛ كنت لا أرغب في الفطر عصرًا، ولكني كنت أستمع إلى كلام أمي"

نظرتُ له مبتسمًا؛ فأنا مثل أبي. انتهينا من الأكل وشربنا بعض الماء، وأسرعنا لنبدل ملابسنا. وعندما أردنا الخروج تشاجرنا أنا وأكرم وصافي. أقبلت أمي مسرعة فوجدت أبي جالس بيننا وصافي متعلقة برقبته، وتقول: ‟أبي أنت خرجت للصلاة معهما، هذا حقي أن تأخذني أنا"

ونحن نرفض ذلك؛ فهي لن تصلي بالمسجد معنا، كما أن الصلاة غير الذهاب إلى بيت جدي. نظر أبي لأمي مستنجدًا، فجلست بجوارنا وقالت بهدوء: ‟من سيمسك بيد والدكم الآن سيعود ممسكًا بيدي أنا والعكس. ولأن (صافي) لم تذهب للصلاة فستختار. هل تريدين الذهاب مع والدك أم العودة معه؟"

نظرت لها (صافي) مطولًا وأجابتها: ‟أعود معه"
وبهذا حلت المشكلة، ونزلنا جميعًا فرحين.

في أثناء سيرنا مررنا على السوق، فوجدنا الباعة جالسين أمام محالهم، ولكنهم منشغلين بما يعرض على شاشة التلفاز، حتى أن المقهى القريب كان يرفع صوت التفاز عاليًا. سأل (أكرم) أبي بفضول: ''أبي لماذا لا نشاهد التلفاز في رمضان، ونتابع المسلسلات كما يفعل الناس؟''

ابتسم له أبي وقال: ''احترامًا يا أكرم. لنفترض أني أهديتك السيارة التي كنت شاهدتها في محل الألعاب هل تتذكرها؟''

هز (أكرم) رأسه بنعم، فأكمل والدي: ''ماذا ستفعل بالهدية؟ هل تضيعها؟ أم تحافظ عليها وتعاملها معاملة جيدة؟''

رد أكرم: ''سأحافظ عليها وأضعها في مكان مخصوص، وأطمئن عليها كل فترة''

قال أبي: ''وهكذا رمضان. إن العام به اثنا عشر شهرًا، أهدانا فيه الله سبحانه وتعالى شهر رمضان لنتقرب منه؛ ليغفر لنا ذنوبنا، ويستجيب لدعائنا. وأمرنا بالصوم فيه لنطهر أنفسنا من كل ملوثاتها من ذنوب ومعاصي وضيق، ونحن نقرأ فيه القرآن ونصلي التراويح مع الصيام لنأخذ ثوابا عظيما. فكيف نضيع هذا الثواب من أيدينا!؟ كما أن رمضان أيام قليلة من العام لا تعود إلا في العام القادم. والمسلسلات تعاد بعده وتملأ العام بأكمله. فكما حافظت على هديتي، يجب أن نحافظ على رمضان.. هذا هو الاحترام. هل فهمت؟''

هز (أكرم) رأسه وقال: ''نعم فهمت''

نظر لي أبي، فقلت: ''وأنا أيضًا''

قبّل أبي رأسينا وقال: "أحسنتما. الحمد لله أن أعطاني ولدين مثلكما". ابتسم لنا وهو يقف في انتظار أن تلحق به أمي وصافي، وأكمل: "وأخيرًا وصلنا إلى منزل جدكما. هيا لنفاجئه بحضوري".

ركضنا أنا وأكرم ومن ورائنا (صافي) لنسبق أبي وأمي. طرقنا الباب ونحن لا نستطيع التقاط أنفاسنا. فتحت لنا جدتي الباب وهي تعاتبنا على ما فعلنا بأنفسنا، وقبل أن تسأل عن أمي، إذا بأبي وأمي يقبلان خلفنا. قبّل أبي يد جدتي وقال لها: "أمي الغالية. لقد افتقدتك كثيرًا. كيف حالك؟"

فرحت جدتي وقالت: "بخير حال يا ولدي. يا لها من مفاجأة سارة! كم افتقدناك في أول أيام رمضان!"

ضحك أبي وقال: "إجازتي تنتهي صباح بعد غد؛ فعليّ العودة إلى سيناء. أين أبي؟"

قالت جدتي: "في غرفته يقرأ القرآن. هيا فاجئه، لقد كان يسأل عنك كثيرًا"

انطلق أبي لرؤية جدي ونحن من خلفه، كعادتنا في بيت جدي لأمي كل رمضان نسلم على الجميع، ثم نستعد لامتحان جدي لنا في حفظ القرآن الكريم. كنا نأمل أن ننتهي سريعًا لنستمع لحكايات جدي وأبي عن الجيش؛ فجدي كان مجندًا بعد حرب أكتوبر 1973، وكم كان يحكي من نوادر، وكان أبي يشاركه بنوادره حاليًا ليضحك الجميع.

اليوم نحن هنا فقط؛ فخالاتي وأولادهن وأزواجهن عند بيوت أحمائهن لتناول الإفطار الجماعي. دخلنا الغرفة لنسلم على جدي ونجلس بجواره ليمتحننا. كنا اليوم سعداء فلم ننسَ شيئًا ولم نخطئ، وشعر أبي بالفخر بنا وكذلك جدي. دق جرس الباب فركضتُ أفتح، فإذا بخالي يحمل بين يديه المشتريات التي

طلبتها جدتي وأعطاها لأمي لتذهب بها إلى المطبخ. همستُ له بأن هناك مفاجأة في غرفة جدي. فذهب معي ليرى ما هي. كان لقاؤه بأبي حارًا فقد كانا صديقين وأخوين. ذهب خالي ليغتسل سريعًا ويجلس بجوار أبي. وقال له خالي: "حمدًا لله أنك أتيت في هذه الأيام؛ فقد كدت أأجل خطبتي حتى تعود من الجيش"

فرح أبي وقال لخالي: "مبارك لك يا أخي وصديقي، ولكن كيف لم تخبرني أختك بهذا!؟ سأعاتبها على ذلك ما إن أراها"

ضحك خالي وقال: "أنا لم أخبرها بعد؛ لقد احتفظت بالخبر حتى أراك، فلا تلمها"

رد أبي وهو يربت على كتف خالي: "هكذا إذن. أرى أنها ستعاتب كلينا على هذا"

ثم ضحكا. وأكمل أبي: "ولكن إجازتي تنتهي بعد غد صباحًا"

قال جدي وهو يشير لخالي: "وهذا يستلزم الاتصال بهم لتحديد الموعد غدًا"

أسرع خالي بالاتصال بأهل العروس ليحدد الموعد غدًا؛ وذلك لظروف أبي التي لن تتيح له الذهاب إلا غدًا. وقد رحبوا جميعًا وتم الاتفاق على كل شيء.

طلب جدي من (أكرم) أن ينادي أمي، والتي حضرت مسرعة، فأخبرها جدي بشأن خطبة خالي. كم كانت أمي فرحة وهنأت خالي ودعت له بالبركة. ثم أسرعت لتلبي نداء جدتي في المطبخ.

قال لنا جدي: "هيا لنستمع إلى حديث الشيخ محمد متولي الشعراوي؛ فقد حان موعده"

تحلقنا جميعًا حول التلفاز، وقبل أن يبدأ البرنامج همس لنا أبي أن نلتزم الصمت احترامًا لحديث العالم الجليل، وإن لم نفهم شيئًا فلنسأل عنه بعد انتهاء البرنامج.

جلسنا صامتين. وإن لم نفهم كل ما قاله إلا أننا شعرنا بهيبة الشيخ وغزارة علمه. كان جدي يتابعه بكل حواسه وأبي وخالي منتبهين لما يقول، كانوا ينفعلون معه مثل الجالسين حول الشيخ في التلفاز. ما إن انتهى البرنامج حتى جاءت أمي تطلب مساعدة الجميع في وضع الطعام على الطاولة فقد اقترب موعد آذان المغرب. ركضنا جميعًا نساعدها يسبقنا أبي وخالي. انتهينا من وضع كل شيء حتى ارتفع صوت الأذان ليفطر الجميع، ثم يتقدمنا جدي لإمامة الصلاة.

انتهينا من الصلاة وجلسنا على مائدة الإفطار لنأكل، ثم انتقلنا إلى غرفة المعيشة لنستمع إلى حكايات أبي وجدي، حتى ارتفع صوت أذان العشاء لنسرع بوداعهم والعودة إلى المنزل لنضع أغراضنا، ثم ننزل أنا وأكرم مع أبي لصلاة التراويح بالمسجد. لقد حمل أبي (صافي) النائمة على كتفه لنسرع جميعا بالخروج.

وصلنا إلى منزلنا سريعًا. صعدنا إلى شقتنا، وضع أبي (صافي) في الفراش وذهبنا لنتوضأ، ونبدل ثيابنا لنلحق بصلاة العشاء والتراويح بالمسجد. في أثناء ذهابنا مع أبي أمرنا أن نلتزم بالهدوء، وإن تعبنا فلنجلس في أماكنا، ولا نصدر صوتًا حتى لا نشتت المصلين.

وصلنا إلى المسجد ووقفنا على جانبي أبي، حاول أحد المصلين طردنا وقال بغلظة: ''ابتعدا وصليا بالخلف؛ هنا للكبار فقط''

ثم أمسك بيدينا محاولًا جرنا إلى الخلف. شعرنا بالخوف منه ونظرنا إلى أبي، الذي أمسك بيدي الرجل، وقال له بحزم: ''اترك الصبيين! إنهما مميزان، لا يحق لك طردهما من الصف؛ لقد حضرا قبلك. قف في المكان الذي وصلت له ولا تخرب على الولدين حبهما في الصلاة بالمسجد. هيا!''

تركنا الرجل، وهو غاضب ينظر لنا شذرًا ورحل. ضمنا أبي إليه وقال لنا: ''لا تخافا؛ من حقكما الوقوف هنا''

سأله أكرم: ''ما معنى (مميز) هذه يا أبي؟''

رد أبي بهدوء وابتسم لنا: ''الصبي المميز هو من سبع لعشر سنوات، وفي عهد النبي والصحابة كان الصبي المميز يؤم السيدات الصلاة لحفظه القرآن ومعرفته بأمور الدين''

أمرنا الإمام باستواء الصفوف ثم بدأنا الصلاة. كان صوت الإمام جميلًا، ولكن السور التي يقرأ بها لم نكن نعرفها. انتهينا من صلاة العشاء، وأخذنا استراحة قصيرة أخذنا نسبح فيها.

غير أن (أكرم) كان منشغلًا بمشاهدة الرجل الغليظ الذي حاول طردنا، وهو يذهب لآخر المسجد ويُحدِّث رجلًا شكله مخيف. انتبه أبي لأكرم ولي عندما تبعت (أكرم) في المشاهدة. كنا خائفين. هدَّأنا أبي وقال لنا: "لا تنشغلا باليكما هيا إلى التسابيح. هيا معي.. سبحان الله.. الحمد لله.. لا إله إلا الله.. الله أكبر.. لا حول ولا قوة إلا بالله العلي العظيم"

أخذنا نردد خلف أبي حتى نادى الإمام لصلاة التراويح. كان يصلي بنا ركعتين ركعتين، ولكن الركعة طويلة. شعرت أنا وأكرم بألم في أرجلنا، ولكننا أكملنا؛ فنحن رجال ولن نسمح لذلك الرجل أن يشمت بنا.

انتهى الإمام من الأربع ركعات، وأعطانا استراحة ليعطينا درسًا سريعًا. بدأ كلامه:

"السلام عليكم ورحمة الله وبركاته. والصلاة والسلام على خاتم الأنبياء والمرسلين سيدنا محمد ﷺ. درسنا اليوم عن أشياء يباح للصائم فعلها وهي:

(1) الاكتحال، وهو وضع الكحل في العين بأي غرضٍ، حتى ولو وجد طعم الكحل في حلقه؛ لأن العين لا تعتبر منفذًا شرعيًا على المختار للفتوى.

(2) التقطير في العين، حتى ولو وصل إلى الحلق على المختار للفتوى.

(3) الدِّهان بالزيوت والمستحضرات الطبية المختلفة، حتى ولو وصل إلى جوفه بتسَرُّب المدهون من خلال مسام الجلد والبشرة.

(4) استعمال السواك قَبْلَ الزوال (أي: الظهر).

(5) الاغتسال؛ لما روي أن رسول الله ـصلى الله عليه وآله وسلمـ (كان يَصُبُّ عَلَى رَأْسِهِ الْمَاءَ وَهُوَ صَائِمٌ مِنَ الْعَطَشِ أَوْ مِنَ الْحَرِّ).

(6) الحقن عن طريق الجلد، سواء كان في العضل أو في الوريد، بخلاف الحقنة الشرجية فإنها مُفَطِّرَة، وعند المالكية أنها مكروهة فقط فلا يجب القضاء عندهم بالحقنة الشرجيَّة.

(7) النَّوم، ولو استغرق جميع النهار، بشرط أن لا يتعمد تضييع الصلوات؛ فإن ذلك حرام.

(8) بَلْع ما لا يمكن التحرز عنه، كالريق، وغبار الطريق، كما يُباح شَم الروائح الطيبة.

هذا ما يباح للصائم في نهار رمضان. هيا إلى الصلاة"

لم أستطع أنا وأكرم أن نصلي؛ فقد أصبحت أرجلنا لا تحتملنا، فعدنا وأبي للصف الأخير، وأمرَنا أبي أن نجلس بجانب العمود في آخر الصف لنكن قريبين منه، وأشار لنا بأن نصمت.

(٢٣)

غلبني النعاس على رجل أكرم، الذي أخذ يمسح على شعري كما تفعل أمي معنا. فبادلته الابتسام ثم نمت. ما هي إلا دقائق حتى ضُرِب برأسي الأرض وأُخِذ مني أكرم. فتحت عيني والدماء تملأها، فإذا بالرجل المخيف يخطف أكرم، والذي كان لا يتحرك كأنه لا يشعر بشيء. صرختُ على أبي بأن الرجل المخيف يخطف أكرم. خرج أبي من الصلاة ومعه العديد من المصلين بينهم جارنا الدكتور إبراهيم.

جرى أبي ليرى ما بي، فأخبرته بشأن الرجل المخيف. حاول أبي مسح الدم وهو يحملني للحاق بالخاطف. غير أن جارنا طلب منه أن يتركني له ليسعفني وليلحق أبي بالخاطف. كان جارنا طبيب أطفال، وهو الطبيب المعالج لي ولإخوتي، ولذلك نناديه بعمي. مسح عني الدم بمنديله ثم أخذني للصيدلية لِيُطهِّر جرحي ويضمده.

في أثناء ذلك عاد أبي وهو يحمل (أكرم) الذي لا يصدر عنه صوت، وناوله لعم إبراهيم. في حين كان المصلون يحملون الخاطف ككومة من الملابس المتسخة بالدم لا يستطيع الحراك، واتصل الصيدلي بالشرطة. كنا جميعًا نشعر بالفزع على أكرم، غير أن العم إبراهيم أخبرنا بأنه مخدر فقط، ثم أعطاه حقنة جعلته يفيق.

حمله أبي بين ذراعيه وهو يقبله ويحمد الله على أنه بخير، ثم حملني معه وأخذ يقبلني ويحمد الله أني بخير. وأنا وأكرم نمسك ببعضنا بقوة. أتت الشرطة التي استمعت لأبي ولي

وللشهود، وألقوا القبض على الرجل المخيف والرجل الغليظ. حملنا أبي لنعود إلى المنزل. حاول جارنا عم إبراهيم أن يحمل أحدنا غير أن أبي لم يرضَ. وقال له: "لا أتحمل فراقهما ثانية. إنهما بأمان بين ذراعي"

اقتربنا من المنزل فوجدنا أمي تنتظرنا بقلق في الشرفة. ما إن رأتنا حتى جرت لتفتح الباب.

فتحت أمي باب المنزل لتجد أبي يحملني أنا وأكرم، ثم دخل بنا إلى غرفته ومن خلفه الطبيب الذي حاول أن يهدئ أمي المرعوبة. كانت أمي تسأل بفزع: "ماذا حدث لطفليّ؟! ماذا حدث لأولادي؟! أجبني يا محمد! فليجبني أحد!!"

ثم ركضت لتحضنني أنا و(أكرم) وهي تبكي. ربت أبي على كتف أمي مطمئنًا، وهو يقص عليها ما حدث.

بعد أن انتهى أبي من سرد ما حدث، قبلتنا أمي وقالت: "لم يجدا إلا ولديّ الحبيبين؟! يا لقسوة قلوبهم! وأين؟! في المسجد؟! وفي رمضان؟! لا حرمة لمكان ولا لزمان! عجبًا!!"

أعطى الطبيب التعليمات لأمي، وودعنا قائلًا: "وداعًا أيها البطلان. سأتصل بأمر الله غدًا لأطمئن عليكما"

ثم سلم على أبي الذي ذهب معه إلى باب المنزل مودعًا. أقبلت (صافي) وهي تنادي على أمي. ما إن رأت حالتنا أنا وأكرم حتى صعدت إلى الفراش وهي تبكي قائلة: "(دودو) ماذا حدث؟ (كيرو) ما بك؟!"

رفعتُ رأسي عن كتف أمي، وناديتها، بينما ظل (أكرم) لا يستطيع تحريك حتى شفتيه. أخذت تقبلني ودموعها تغرق وجهي، ثم ذهبتُ إلى (أكرم) تناديه بلوعة، وهي تقبل يده ورأسه، وهو لا يقدر على الرد. حاولت أمي تهدئتها بلا جدوى. أتى أبي على صوت (صافي). أخذها بين ذراعيه وهمس لها: "إنهما بخير فلنتركهما يستريحان. بكاؤك يحزنهما وأنتِ لا تريدين ذلك"

ردت بين شهقاتها: "(كيرو) لا يتحرك ولا يرد عليّ. أنا خائفة عليه. كما أن (دودو) به جرح في رأسه. هل هو بخير؟"
قال لها أبي: "لا تخافي سنعطيهما دواءهما ثم نتركهما ليناما. وغدًا بأمر الله سيكونان بخير. هيا ساعديني لنعطيهما الدواء. أمسكي هذه الزجاجة لـ(أكرم)، وهذه لـ(أدم)"
أمسكت (صافي) زجاجتي الدواء لأبي، والذي أعطانا الدواء، وهو يقول: "بسم الله الشافي المعافي. اللهم اشفه بشفائك الخافي عن الأعين، شفاءً لا يغادر سقمًا"
وضعت أمي رأسينا على الوسادة وقبلتنا، ثم أخذنا نوم طويل بلا أحلام.

كان نومي متقطعًا. أستيقظ لأجد أبي بجانبي وأمي بجانب (أكرم). كنت أشعر بألم حاد في رأسي. كانت الدموع تُغرق وسادتي، ليغلبني النوم بينما أبي يربت على كتفي وأمي تقبلني. في الصباح استيقظت لأجد أبي يحمل (صافي) النائمة على كتفه. وأمي منكسة الرأس نائمة.

همس لي أبي سائلًا: "(آدم)، هل أنت بخير يا حبيبي؟"

هززتُ له رأسي بنعم، فشعرتُ بألم رهيب، فصرخت بلا وعي. فركضت أمي لتحتضني بينما استيقظتْ (صافي) فزعة. أخذتُ أبكي من شدة الألم، وصافي تبكي معي، وأمي تحتضني وتقبلني مهدئة، بينما ركض أبي لجارنا العم إبراهيم الذي جاء مسرعًا، فأعطاني حقنة نمت بعدها نومًا طويلًا بلا أحلام.

استيقظتُ على عصر اليوم لأجد (أكرم) و(صافي) بجانبي على الفراش ينظران لي بخوف. بينما كانت أمي جالسة بجواري وأبي واقف يتأملني بقلق. ناديتهم فرحًا: "لقد استيقظت!"

قبلت أمي جبيني وقالت لي: "لا تحرك رأسك فجأة، ولا تتحرك بسرعة؛ حتى لا يعود الألم مرة أخرى"

قبلتني (صافي) وهي عابسة، وقالت من بين أسنانها: "لو كنت معكم لقمت بعضّ ذلك الرجل الشرير"

ضحكنا جميعًا، مما جعلها تخجل وتتورد وجنتاها، ونظرت إلى طرف ثوبها وهي تقول: "لن أترك أحدًا يؤذي (دودو) و(كيرو) أبدًا"

سارعنا جميعًا لنقبلها، وهذا زادها خجلًا، ثم تكورت بين ذراعي أبي.

سألني (أكرم) بقلق: "هل أنت بخير الآن؟"

أجبته بنعم. فابتسم لي بحب. كم أحب إخوتي وأبي وأمي! ربِّ احفظهم لي دائمًا.

رن جرس الباب، فإذا بجدي وجدتي لأمي وخالي جاؤوا ليطمئنوا علينا. بعد ربع ساعة رن جرس الباب ثانية لأجد جدي وجدتي لأبي وعمي قد حضروا من الشرقية ليطمئنوا علينا. كم شعرتُ بالسعادة أنا وإخوتي عندما حضر الجميع للاطمئنان عليّ أنا و(أكرم)! كم شعرنا بمحبتهم لنا!

جلسنا جميعًا نستمع لحكايات جدي لأبي وجدي لأمي وهما يتذكران مواقف نادرة في حياتهما. في تلك الأثناء اختفى أبي وعمي وخالي لبعض الوقت، ليعودوا قبل أذان المغرب بنصف ساعة محملين بأكياس الطعام الشهي الرائحة. لتذهب أمي لتحملها عنهم وتعد المائدة. ليرتفع صوت المؤذن لنفطر جميعًا.

أجلسني جدي لأبي على رجليه محيطني بذراعه ليُأكلني بيديه. أسندت رأسي على كتف جدي وأكلت بسعادة. لم أرفض أي طعام وضعه بفمي حتى ما لا أحبه؛ فيكفي أنه من يد جدي، جدي الصارم القوي الحازم الذي نخشى الاقتراب منه، يحضر من الشرقية ويأتي ليطمئن عليّ أنا و(أكرم)، والآن أنا بين ذراعيه يطعمني. أما (أكرم) فكان بين ذراعي جدتي لأبي الحنون تطعمه ما يشتهي وتقبل رأسه. أما الأميرة (صافي) فقد جلست في مكانها المميز بين ذراعي أبي وأمي تطعمها. كان جدي لأبي غاضب بشدة لما حدث لنا، وقال: "لا يمكنني أن أطمئن على الأولاد ولا أمهم وهم بمفردهم هنا، فإما أن يبقوا مع والدها وإلا فليأتوا عندي. أما أن نسمح بحدوث هذا مرة أخرى فهذا لن يكون. لا يمكنني أن أسمح بإيذاء أحفادي أو والدتهم!"

أيد جدي لأمي كلام جدي لأبي، فوافق أبي على أن نكون عند جدي لأمي، لعدم قدرتي أنا و(أكرم) على السفر بهذه الحالة. فرحب الجميع بذلك.

انتهينا من الإفطار وودعنا جدي وجدتي لأمي وخالي ليذهبوا إلى بيت عروسة خالي لتتم الخطبة. طلب جدي لأمي من جدي لأبي وعمي أن يحضرا معهم، فاعتذرا لأنهما متعبين من السفر. ثم دخل جدي وجدتي وعمي ليستريحوا من عناء السفر.

ذهبت أمي لتعد الحقائب لأبي؛ فلقد قاربت إجازته على الانتهاء وغدًا سيسافر بعد أن يوصلنا لبيت جدي. كانت (صافي) متعلقة برقبة أبي لا تريد تركه أبدا. إلا أنها تركته لي أنا و(أكرم) بعد أن طلبنا منها ذلك. ركضت (صافي) إلى حيث أمي، ثم عادت إلينا وهمست لأبي في أذنه، الذي ذهب مسرعًا إلى أمي. نظرتُ إلى (صافي) متسائلًا، فقالت بصوت هامس: ''لقد وجدتُ أمي ممسكة ببدلة أبي وهي تبكي. لقد خفت عليها''

عاد أبي وهو يحتضن أمي الباكية، وقال لها: ''لقد أرعبتينا جميعًا. انظري لأولادك لتعرفي مدى رعبنا عليكِ''

ضحكت أمي وهو يقبل رأسها، ونحن نقبل وجنتيها و(صافي) ألقت نفسها بين ذراعي أمي وقالت: ''لا تبكي يا أمي ثانية. أنا أحبك''

ضمتها أمي وقبلتها وقبلتنا جميعًا، وهي تقول: ''أحبكم جميعًا.. أنتم نور عيني وفرحة قلبي''

ارتفع أذان العشاء، فقال لنا أبي: ''من سيصلي خلفي؟'' فرفعنا جميعًا أيدينا، فقال لنا بحماس: ''هيا إلى الوضوء!''

ذهبت أنا و(أكرم) و(صافي) لنتوضأ، ثم التفتنا ناحية أمي، فوجدناها تريح رأسها على كتف أبي الذي يقبل رأسها، ويضمها بذراعيه مطمئنًا. أبي كم أنت عظيم! كم يتسع حضنك لنا جميعًا! ما هذا الأمان بين ذراعيك!؟ إن أمي محقة في قولها.. ''إن والدكم هو وطني ووطنكم، منه نستمد الأمان، ونتعلم منه معنى الحب''.

انتهينا من صلاة التراويح ثم ذهبنا إلى النوم. استيقظنا مع جرس المنبه لنجد أمي قد انتهت من إعداد السحور. جلسنا جميعًا على المائدة، ورتب جدي مع أبي كيفية عودته إلى بيته، وتحديد موعد سفرنا إلى هناك.

مر الوقت بنا كالحلم، لم أستيقظ منه إلا عند بيت جدي لأمي، وأبي يودعنا ليلحق بزملائه ليعودوا إلى سيناء. كانت (صافي) تبكي، ولا تريد ترك أبي، و(أكرم) يمسك بيد أبي يرجوه أن يبقى، وأنا أمسك بيده الأخرى لا أستطيع التحدث. حاولت أمي أن تهدئنا دون جدوى. إن فراق أبي مر! لا نريده أن يرحل.

ضمنا أبي جميعًا إليه، وقبلنا بحب، وقال لنا: "أحبائي، هل تريدون أن يتخلى أبوكم عن مسؤولية حماية الوطن؟ ألم تكونوا تفخرون بأن والدكم من خير أجناد الأرض!؟ كيف تريدون مني ألا أذهب!؟ كما أني سأعود قريبًا بأمر الله لأجلس معكم خمس عشر يوما لنفعل كل ما نريد"

تركْنا أبي يذهب، ونحن ندعو الله أن يعود إلينا سريعًا. ودعت أمي أبي إلى الباب، وهي تدعو الله أن يحفظه، ويحفظ جنودنا المرابضين على حدودنا، وأن يعيده لنا، ويعيد زملاءه إلى أهلهم سالمين.

برحيل أبي شعرنا بالضياع، احتضنا بعضنا طلبًا للأمان الذي تركه فينا طوال الأيام الماضية. غير أن حضن أمي منحنا الحب، والدفء، والراحة.

قال لنا جدي لأمي: "لا تبكوا يا أطفالي؛ فوالدكم بطل من أبطال مصر يجب أن تفخروا به. ما رأيكم أن أقص عليكم قصة لأبطالنا في عهد النبي ﷺ؟"

ذهبنا إلى جدي متلهفين، وسأله (أكرم): "عن أي قصة يا جدي؟"

ابتسم لنا، وأجاب: "عن غزوة بدر، والتي كانت في السابع عشر من رمضان"

تحلقنا جميعًا حول جدي، الذي أخذ يقص علينا قائلًا: "هاجر المسلمون والرسول ﷺ إلى المدينة المنورة، والتي كانت تُعرف قبل الهجرة بـ(يثرب). عندما هاجر المسلمون تركوا أموالهم وديارهم في مكة، والتي استولى عليها كفار قريش، وضموها لأموالهم التي يتاجرون بها. أراد المسلمون استرداد أموالهم من كفار قريش، فقرروا الاستيلاء على قافلة قريش التي أعدوها من أموال المهاجرين. فانطلق المسلمون إلى طريق عودة القافلة لينتظروها.

انتشرت الأخبار بأن المسلمين ينتظرون قافلة قريش العائدة من الشام ليستولوا عليها. كان قائد القافلة أبو سفيان بن حرب، والذي ما إن وصلته الأخبار حتى بعث لكفار قريش في مكة يستنجد بهم. ثم غيَّر طريق القافلة حتى لا يقابل المسلمين. ما إن وصل الخبر إلى قريش حتى أعدوا العدة للحرب، وانطلقوا لملاقة المسلمين. كان عدد المسلمين ثلاثمائة أغلبهم لا يجد ما يركبه، فكانوا يتبادلون الركوب حتى وصلوا إلى المكان الذي حددوه لملاقاة القافلة. بينما كان جيش الكفار يتكون من ألف مقاتل يركبون الخيل، ومحملين بأسلحة كثيرة. ما إن وصل جيش الكفار حتى جاءتهم الأخبار بنجاة القافلة.

فكر الكثير من الكفار في العودة، غير أن غرور بعض زعماء قريش جعلهم يرفضون العودة دون القضاء على المسلمين، فقللوا من عدد المسلمين، وأرادوا سحقهم، ولذلك استقر رأي الكفار على الحرب. غير أن المسلمين لم يكونوا مستعدين للحرب، فالاستيلاء على القافلة خلاف الحرب، غير أنهم قرروا أن يحاربوا مع الرسول ﷺ ضد كفار قريش.

كان جيش المسلمين متمركزًا بجانب بئر بدر. بدأت الحرب بين الجيشين باستعراض أبطال قريش مطالبين بمبارزين -وهي عادة عربية قديمة في الحروب- ثم انتقلوا إلى الالتحام. كان المسلمون يحاربون، وهم صائمون، ويدعون الله أن يُثبّت أقدامهم، ويُصبّرهم على الحرب، وينصرهم على أعدائهم. واستجاب الله لهم، فأرسل لهم ملائكته لتحارب معهم، وثبت أقدامهم وصبرهم ونصرهم، وعاد كفار إلى قريش بهزيمة ثقيلة يبكون قتلاهم، وأبطالهم الذين قتلوا في حرب أعدوا لها، فخسروها"

ثم التفت جدي إلينا، وسألنا: "ما هي الدروس المستفادة من غزوة بدر؟"

أجبته: "أن التوكل على الله، والدعاء الصادق لله، هو سبب نصرة المسلمين. وليس العدد والأسلحة هما اللذين يحددان نتائج المعركة"

قبل جدي جبيني، وقال لي: "أحسنت يا آدم"، ثم التفت إلى (أكرم) الذي قال: "يجب ألا نسخر من عدونا مهما بلغ صغر عدده، وقلة أسلحته؛ فالاستهزاء بداية الخسارة"

منح جدي (أكرم) قبلة على جبينه، وقال له: "أحسنت يا أكرم"

ارتفع آذان الظهر، فأمرنا جدي بأن نتوضأ لنصلي معه.

مر على تواجدنا عند جدي أسبوع، استعدت فيه أنا و(أكرم) عافيتنا. اليوم فقط سمحت لنا أمي بالصوم حتى أذان العصر. وكانت فرحتنا كبيرة، ولقد شاركتنا (صافي) الصوم حتى الظهر. اليوم جدي وجدتي وخالي سيتناولون طعام الإفطار في منزل عروس خالي، حاول خالي إقناع أمي بأن نذهب معهم، لكنها رفضت قائلة: "لا يمكنني الذهاب معكم؛ فزوجي ليس هنا، كما أنه لم يستطع الاتصال بي منذ سفره سوى مرة واحدة عند وصوله، فكيف أخرج بدون إذنه!؟ كما أن الأولاد لازالوا ضعفاء، ولا أريد أن يتعبوا في وقت الإفطار عند مخطوبتك وأهلها. فلتذهبوا صحبتكم السلامة"

شعرنا بقليل من الضيق لعدم سماح والدتي لنا بالذهاب مع خالي. شعرت أمي بضيقنا، فقررت أن تجعل يومنا مختلفًا. ارتدت أمي زيًا خاصًا نعرفه جميعًا. لقد قررتْ أمي اليوم أن نلعب لعبة (المطعم). في هذه اللعبة ترتدي أمي زيا نسميه (زي النادل). تقف أمامنا ممسكة بورقة كتب عليا (قائمة طعام اليوم). كل بند في القائمة له اسم مميز، فرقم واحد اسمه بابا، وهو أكلة أبي المفضلة، وهي مكونة من الدجاج المشوي والأرز، أما رقم اثنين فيسمى ماما، وهو طعام والدتي المفضل، وهو السمك، في حين رقم ثلاثة يسمى (دودو)، وهو أكلتي المفضلة، وهي المعكرونة بالصلصة الحمراء، وقطعة دجاج كوردن بلو، والبطاطس المقلية المسماه البوم فريت، ورقم أربعة يسمى (كيرو)، وهو ما يفضله (أكرم) من المعكرونة

المحمرة، وقطعة دجاج بانيه، ورقائق البطاطس المقرمشة، ورقم خمسة اسمه (صافي)، وهو عبارة عن بيتزا السجق والبيروني المعروفة بالسوبر سوبريم، والتي تعشقها (صافي). اليوم أضافت أمي أصنافًا جديدة، وطلبت منا أن نسميها.

سألتُ أمي: ‏"ما هي مكونات رقم ستة؟"

فأجابت: ‏"كفتة لحم مشوية، أو مقلية، أو بالصلصة مع الأرز"

فقلت لها: ‏"فلنسميه (كفيتو)"

ثم ضحكتُ، وضحك الجميع، وأصبح رقم ستة كفيتو.

سأل أكرم: ‏"ما هي مكونات الرقم سبعة؟"

طالعت أمي القائمة، وقالت: ‏"دجاج الشيش طاووق، وسمبوسك خضر، وخبز محمص"

سكت (أكرم) قليلًا ثم قال: ‏"سيكون شيسوك.. ما رأيكم؟"

ضحكنا ووافقناه على اسمه الجديد.

سألت (صافي): ‏"ما هي مكونات رقم ثمانية؟"

ردت أمي: ‏"معكرونة باشاميل أو مسقعة باشميل مع رقائق بطاطس مقرمشة"

قالت (صافي): ‏"النسميه صوفيا"، ثم ضحكت كثيرًا وقالت: ‏"على اسمي"

ضحكنا جميعًا، وارتضينا بأن نسميه صوفيا، فكيف نقبل باسم آخر غيره!؟

ثم سألنا أمي: ‏"هل هناك طعام آخر؟"

هزت رأسها وقالت: ‏"هناك رقم تسعة ورقم عشرة"

وقبل أن نسألها عن المكونات ارتفع رنين جوال أمي لنركض لنحضره، فإذا به أبي يتصل بنا! أجابت أمي على أبي لتطمئن عليه، وتطمئنه على حالنا، ثم أعطتنا الهاتف لنحدثه.

كان صوت أبي حنونًا فرحًا. أخذنا نحدثه، وهو يستمع لنا بصبر، حتى حدثته (صافي)، وقالت له: "أبي، إن أمي تلعب معنا لعبة المطعم، ونحن نحتاج إلى اسم جديد لوجبة جديدة. هيا يا أبي دورك"

ضحكت (صافي)، وسألت أمي عن مكونات رقم تسعة، فأجابت: "شاورما سوري وكِبة وسمبوسك وفتة سوري"

أعادت (صافي) المكونات على أبي الذي قال: "(عائلتي)؛ فأنا أحبكم جميعًا"

أجبناه جميعًا بأننا نحبه جميعًا، ثم ودعناه جميعًا.

سألنا أمي أن نكمل اللعبة، وقالت لها (صافي): "ورقم عشرة ما هي؟"

أجابت أمي: "بطاطس باللبن والجبن والفلفل وأرز أبيض"

قلت لها: "حان دورك يا أمي.. فلتسمِها لنا" وأيدني (أكرم) و(صافي).

سكتت أمي قليلًا، ثم قالت: "سأسميها (أسرتي)، يا أحب الناس إلى قلبي"

ركضنا نحو أمي نحتضنها ونقبلها. ثم ذهبنا إلى المطبخ لنعد الطبق رقم تسعة (عائلتي) حتى نشعر بوجود أبي معنا.

انتهينا من إعداد الطعام قبل أذان المغرب بخمس دقائق. كانت الرائحة شهية. طلبنا من أمي أن تترك لجدي وجدتي وخالي بعضًا منه ليتذوقوا طبخنا. وافقت أمي على طلبنا.

عندما جاء الجميع من الخارج، ركضت (صافي) إليهم وأخبرتهم بأننا قمنا بإعداد الطعام اليوم، وتركنا لهم بعضًا منه ليذوقوا. قبلتها جدتي وقالت لها: "رائع يا حبيبتي. أعدوا المائدة حتى نعود بعد تبديل ملابسنا"

ركضنا جميعًا لمساعدة أمي في إعداد المائدة. جلسوا، وبدؤوا في تناول الطعام، وكنا نشاهدهم بقلق. كان أول من تحدث هو جدي الذي نادى علينا، وقبلنا جميعًا مثنيًا علينا، وكذلك فعلت جدتي. أما خالي فقد قال لنا بفرح: "ممتاز! عليكم إعداد هذه الأصناف عندما ندعو خطيبتي وأهلها لتناول طعام الإفطار"

كدنا نطير من الفرح، وسألته أمي باهتمام عن موعد قدومهم، فأخبرها بأنه الجمعة القادمة. كنا ننتظر قدوم يوم الجمعة بلهفة لنرى عروس خالي، ولتقديم كل المساعدة الممكنة لأمي وخالاتي في هذا اليوم.

جاء يوم الجمعة أخيرًا. استيقظنا مبكرين متلهفين للمساعدة. كانت أمي تطلب منا بعض الأعمال البسيطة، ولكننا كنا نؤديها بكل أمانة. جمعنا ألعابنا في حجرة أمي القديمة التي نقيم فيها منذ انتقلنا لبيت جدي. بعد ساعتين من تأدية ما طُلب منا شعرنا بالتعب، فأصرت أمي على أن نتناول بعض الطعام، ونجلس

لنرتاح. كنا في منتهى التعاسة، فلا زال على أذان الظهر ساعتين.

شعرت أمي بحزننا، فقالت لنا ونحن بين أحضانها: "ولِمَ الحزن يا أحبائي!؟ نحن بحاجة لكم لتتذوقوا ما سنعده من مشروبات وحلوى؛ لنطمئن على أنها معدة جيدًا، وهذه مهمتكم من الآن. هيا بنا إلى المطبخ"

لقد استطاعت أمي أن تبدل حزننا فرحًا. كعادتها تنسينا الحزن وتملأنا بالفرح. ركضنا إلى المطبخ لأداء تلك المهمة. كانت أمي تعد العصائر والمشروبات، وتجعلنا نتذوقها، فإن كانت مضبوطة قامت بوضعها بالمبرد لتُقدَّم باردة. أما جدتي فكانت تعد الحلوي، والتي انتهت منها قبيل أذان الظهر، فسمحت لنا بتذوقها، وكانت كعادة جدتي رائعة.

ارتفع صوت أذان الظهر مختلطًا برنين جرس الباب. لقد أقبلت خالاتي وأزواجهن وأولادهن. تجمعنا نحن الأحفاد في غرفة أمي القديمة لنلعب سويًا. أما خالاتي فقد بدَّلن ثيابهن وذهبن إلى المطبخ. في حين تجمع أزواجهن في حجرة جدي ومعهم خالي. لا يخرجون من الغرفة إلا لأداء الصلاة أو الاطمئنان علينا.

قبل أذان المغرب بربع ساعة أقبل الضيوف. لكننا لم نجرؤ على الخروج لمقابلتهم؛ كنا خجلين جدًا. سألت عنا العروس أمي، ثم أتت بصحبتها إلى الغرفة لتتعرف علينا. انطلقت (صافي) لتختبئ بحضن أمي التي قبلتها وداعبت شعرها. ومشينا أنا و(أكرم) ببطء تجاه أمي لنقف حولها. ابتسمت لنا العروس وقالت لنا: "كم أنا محظوظة بالتعرف عليكم! لقد أخبرتني والدتكم بما فعلتموه لإعداد كل شيء لنا وكم أنا متشوقة لأتذوق اختياراتكم! بالتأكيد هي رائعة" كانت طريقتها اللطيفة السر في أن ننسى الخجل، ونتحدث معها. حتى (صافي) تركت حضن أمي، ووقفت بيننا لتتحدث مع العروس.

ارتفع صوت المؤذن بأذان المغرب، فركضنا جميعًا لنوزع التمر على الجميع، ونقدم لهم أكواب المياه، ثم ذهبنا إلى الصلاة. وعندما جلس الجميع للطعام ساعدنا أمي في تقديمه. كان الجميع فرِح بنا. كم كنا نتمنى أن يرانا أبي ليفتخر بنا. شعرت أمي بما نتمنى فهمست لنا: "والدكم فخور بكم وكذلك أنا"

بعد الإفطار جلس الجميع يتسامر حتى منتصف الليل. هذا ما أخبرتنا به أمي عندما استيقظنا صباحًا؛ فقد غلبنا النوم قبل أذان العشاء.

مر على مكوثنا ببيت جدي خمسة عشر يومًا، كنت وإخوتي نعدها بالساعات؛ فاليوم موعد عودة أبي ليمكث معنا خمسة عشر يومًا. استيقظنا مبكرين، وأيقظنا أمي، وطلبنا منها إعداد الحقائب حتى لا نتأخر في عودتنا إلى المنزل.

ضحكت أمي، وقالت لنا: "عندما يتصل والدكم سنعد الحقائب" جلسنا بجوار هاتف أمي المحمول منتظرين، لا نتحرك إلا بإبدال وضع اليدين على الخد. حتى دقت الساعة العاشرة، ومعها رن جوال أمي. ركضنا به إليها، فإذا به أبي يعتذر عن الحضور لمدة أسبوع، ولن يستطيع الاتصال بنا، حتى أنه أنهى المكالمة دون أن يتحدث معنا.

ما إن أنهت أمي المحادثة حتى ركضت (صافي) إلى أحضانها تبكي، ونحن كذلك على كتفي أمي. حاولت أمي تهدئتنا دون جدوى.

فقالت لنا: "هل تريدونني أن أبكي أنا أيضًا؟ فأنا لا أحتمل أن أرى دموعكم"

ثم تساقطت دموعها، فأخذنا نقبل رأسها، ونمسح دموعها ودموعنا.

هدأنا جميعًا، فقالت أمي لنا بمرح: "ما رأيكم في أن نلعب معا لعبة جديدة؟"

سألتها (صافي) بفضول: "ما هي يا أمي؟"

قامت أمي وقالت: "لنحضر دفتري وقلمي من الحقيبة، ولنبدأ شرح اللعبة"

أحضرنا الدفتر، وقسَّمته أمي إلى ثلاثة أقسام، لكل واحد منا قِسمه، وقالت: ״سأطلب من كل واحد منكم طلبًا، ومن ينفذه سيأخذ خمس نقاط. والفائز يمكنه أن يسألني. ما رأيكم؟״

فرحنا جميعًا، ووافقنا، وبدأنا اللعب. قالت أمي: ״آدم، أذكر خمس كلمات تبدأ بحرف الدال. أمامك دقيقتان״

أجبت مسرعًا: ״دب، دبابة، ديك، دياب، داوود״

فرحت أمي، وصفَّق (أكرم) وصافي، وقبلتني أمي، وهي تقول: ״أحسنت يا (دودو).. خمس درجات״

ثم التفتت إلى (أكرم)، وقالت له: ״دورك يا (أكرم). اذكر خمس كلمات تبدأ بحرف الراء. أمامك دقيقتان״

أجاب (أكرم) سريعًا: ״رامي، رأفت، ريم، رجل، رف״

هللنا جميعًا، وقبلته أمي، وقالت له: ״أحسنت يا (كيرو)، خمس درجات. والآن (صافي)״

ثم التفتت لها وقالت: ״اذكري خمس كلمات تبدأ بحرف الألف. أمامك...״

وقبل أن تكمل أمي قالت صافي: ״أبي، أمي، آدم، أكرم، أرنب״

هللنا لها جميعًا وقبلناها، وقالت أمي لها: ״أحسنتِ يا أميرتي الحلوة. خمس درجات. دور من؟ هيا يا آدم״

ظللنا نلعب لمدة ساعة. تنوعت الأسئلة من عمليات حسابية بسيطة، وإكمال جمل، وذِكر حيوانات ونباتات وأكلات. كانت لعبة ممتعة جدًا. جمعنا النقاط فوجدنا أننا جميعًا فائزون. فقالت أمي: ״يمكنكم أن تسألوني كما تشاؤون״.

قبل أن نسألها جاءت لـ(أكرم) فكرة، فنادانا للتشاور، فوافقنا عليها. تقدم (أكرم) وقال لها: ‟لقد قررنا أن نطلب منك شيئًا واحدًا. احكي لنا قصة يا أمي"

ابتسمت لنا أمي، وفتحت لنا ذراعيها لتضمنا، وداعبت رؤوسنا، وقالت لنا: ‟لنبدأ!".

جلسنا بين ذراعي أمي التي منحتنا ابتسامة دافئة، ثم قالت: "كان ياما كان، يا سادة يا كرام، ولا يحلى الكلام، إلا بذكر النبي عليه الصلاة والسلام"

صلّينا جميعًا على النبي الكريم. ثم أكملتُ: "كان هناك ولد صغير هادئ يسمى (يوسف)، كان دائم السماع لكلام والديه، يحبه الجميع. كان يعشق التعلم والقراءة، فلا تراه إلا بصحبة كتاب، أو يتعلم شيئًا جديدًا، أو يستمع إلى حكاية جدته. في يوم من الأيام طلب من والدته الذهاب معها إلى بيت صديقه (مازن) في آخر البلدة لأنه مريض. فوافقت والدته ولكنها قالت له: "(يوسف)، عندما نزور مريضًا يجب أن نحضر له هدية لندخل السرور على قلبه، هل فكرت في هدية؟!"

اشترى (أكرم) الهدية بصحبة والدته، ثم انطلقا إلى منزل (مازن). ما إن وصلا إلى المنزل حتى رحبت بهم والدة صديقه، وأخذتهم إلى غرفة (مازن). كان (مازن) مريضًا جدا، ولا يستطيع الحراك. رحب بصديقه وبوالدته. قدم له (يوسف) هدية صغيرة فرح بها (مازن) كثيرًا، فض غلافها فإذا بها كتاب لقصص الأطفال مليء بالرسوم الجميلة. امتلأ وجه مازن بدموع الفرح، وقال لـ(يوسف): "هدية رائعة.. ستنسيني آلام المرض وملل الوحدة!!"

دعا (يوسف) ووالدته لـ(مازن) بالشفاء العاجل، ورحلا حتى لا يرهقانه.

مر أسبوع ولم يستطع (مازن) الحضور إلى المدرسة. شعر (يوسف) بالحزن على صديقه. شعر والده بحزنه فسأله عن السبب. حكى له فأشار عليه والده أن يصمم هدية لصديقه من

صنع يده ثم ليذهبا لزيارته. فرح (يوسف) باقتراح والده وطلب منه المساعدة في إعداد الهدية فقبل والده بسرور. بعد صلاة الجمعة تقابل والد (يوسف) و(يوسف) مع والد (مازن)، فسألاه عن صحة (مازن)، فأخبرهما أنه تحسن ولكنه يشعر بالملل. فاستأذناه في زيارته، فوافق مرحبًا بهم.

بعد العصر قَدِم (يوسف) مع والده يحمل هدية يوسف التي صنعها خصيصًا لصديقه. قابلهم اليوم (مازن) وهو جالس على كرسي بحديقة منزلهم. فرح بملاقاة صديقه ووالده. أعطى والد (يوسف) لـ(مازن) هديته، التي فتحها بفرح فإذا بها حامل رسم معلق فيه دفتر للرسم، وكُتِب على غلافه بخط (يوسف).. (مع تمنياتي بالشفاء العاجل. صديقك يوسف)، وأدوات رسم. طار (مازن) من الفرحة، وشعر بأنه لم يعد مريضًا، وأخذ يقبِّل صديقه وهو يبكي. كيف فكر في إهدائه ما تمناه دائمًا! بكى (يوسف) لفرحة (مازن). وجلسا معًا لبعض الوقت، ثم استأذنه في الانصراف.

بعد ثلاث أيام وجد (يوسف) (مازن) بصحبة والدته يستأذن في الدخول. رحبت بهما والدة (يوسف). فرح (يوسف) بقدوم (مازن) وقد تماثل للشفاء. قدَّم (مازن) لـ(يوسف) هدية، فتحها (يوسف)، فإذا بها صورة لعصفورين يقفان على غصن واحد، أحدهما كُتِب عليه (مازن) والآخر (يوسف). وتحتهما كتب (مازن).. (لقد علمت كل ما قمت به لأجلي في مرضي، فأهديتك أول ما رسمت على دفترك وأنا أستعمل اللوح الذي صنعته بيدك، واستعملت أدوات الرسم التي أهديتني إياها. (يوسف) أنت أخي، أسأل الله أن يديم هذه الأخوة).

بكى (يوسف) واحتضن (مازن)، ومن يومها لم يفترقا، وتحولت صداقتهما لأخوة دائمة. هل أعجبتكم القصة؟"
هتفنا جميعًا بحماس أنها جميلة جدًا، فسألتنا أمي عما استفدناه من تلك القصة.
قلت لها: "أن نزور المريض ونحاول إدخال البهجة على قلبه".
قبلتني أمي وقالت: "أجل يجب أن نزور المريض ونجبر خاطره ونسعده. ورد عن رسول الله ﷺ في الحديث القدسي أن الله -سبحانه وتعالى- يقول يوم القيامة: ﴿ يَا ابْنَ آدم مَرِضْتُ فَلَمْ تَعُدْنِي﴾. قَالَ: يَا رَبِّ، كَيْفَ أَعُودُكَ وَأَنْتَ رَبُّ الْعِزَّةِ!؟ فَيَقُولُ: ﴿أَمَا عَلِمْتَ أَنَّ عَبْدِي فُلانًا مَرِضَ فَلَمْ تَعُدْهُ، وَلَوْ عُدْتَهُ لَوَجَدْتَنِي عِنْدَهُ؟﴾. إعادة المريض تعني زيارته وفي زيارته ثواب عظيم"
قال (أكرم): "يجب أن نستغل قراءتنا وما تعلمناه في إدخال السرور على من نحب، وأن نهديه ما يحب"
ابتسمت أمي وقبلته وقالت: "أجل يا بني، قال رسول الله ﷺ: ﴿تهادوا تحابوا﴾، وأجمل الهدايا هي التي يحبها الشخص"
قالت (صافي): "يجب أن نستأذن قبل الدخول إلى بيوت الناس".
فرحت بها أمي وقبلتها وقالت: "رائع يا أميرتي الحلوة! لقد أمرنا الله بالاستئذان قبل الدخول إلى بيوت الناس"
ارتفع أذان الظهر، فانطلقنا جميعًا للصلاة خلف جدي.

مر أسبوع آخر على وجودنا ببيت جدي لأمي. كان شوقنا لأبي يزيد ولكننا لم نصرح بلهفتنا للقاءه منذ آخر اتصال له عندما اعتذر عن الحضور ولم يتحدث معنا. كانت أمي تشعر بنا، فتداعب شعرنا بأناملها برقة وتقول: ''هل تعلمون؟ أنا أيضا أشتاق إليه، وإلى بيتنا؛ فوالدكم هو الحب والانتماء والأمان.. هو الوطن بالنسبة لنا. ولذلك فإني دائمًا أدعو الله أن يحفظه وأن يعيده لنا سالمًا. ولكن يجب أن نُقدّر عمل والدكم؛ فهو من حماة الوطن، ومصلحة مصر أولا؛ فلولا مصر بلدنا الحبيب ما أكلنا ولا شربنا ولا تعلمنا ولا تنعمنا بشيء؛ فمصر هي نعمة الله علينا، ويجب أن نشكر الله على نعمه بحفظها وصيانتها وتقدمها''

قلت لها بحزن: ''ولكن أولاد خالاتي معهم آباؤهم، أما نحن فلا''

ابتسمت لنا وقالت: ''لأن عمل كل منهم يتحتم بقاءه هنا، هذا لا يعني أنهم لا يخدمون الوطن، ولكن الوطن بحاجة إلى الجندي والضابط ليدافع عنه مثل والدك، وإلى الطبيب كزوج خالتك، وإلى المعلم كزوج خالتك الثانية، وإلى مهندس مثل خالك، وإلى العديد من المهن التي تخدم الوطن كلٌّ في مكانه، هل فهمت؟''

هززت رأسي بالإيجاب وكذلك إخوتي، وانطلقنا إلى حيث روتيننا اليومي المعتاد.

قبل أذان المغرب بساعة تقريبًا، ارتفع صوت طرقات مميزة على باب بيت جدي، هذه الطرقات نحفظها عن ظهر قلب؛ إنها طرقات أبي. ركضنا جميعًا نستبق الباب لاستقبال أبي. فتحت والدتي الباب ليدخل أبي ملقيًا حقيبته، ثم ركض نحونا فحمل ثلاثتنا معًا ودار بنا وهو يقول: "أحبكم، أفتقدكم، أولادي" يا الله، كم اشتقنا إلى حضنه ودفئه! شعور رائع بالأمان والقوة والثقة. أنزلنا أبي ثم اندفع تجاه أمي ليسلم عليها، ثم ذهب إلى جدي وجدتي في غرفة المعيشة ليسلم عليهما.

عاد لنا أبي سريعًا ليقبلنا ونقبله؛ فقد كانت ثلاثة أسابيع صعبة من دونه، شعرنا خلالها باليتم والخوف والضياع.

بعد قليل عاد خالي من عمله فوجد أبي بيننا. طار خالي من الفرح وسلم على أبي وأصر على أن ينال نصيبه في أبي بالجلوس جانبه. كنا نتنافس جميعًا على أبي، إلا أمي التي كانت

تراقبنا جميعا بحب. كأنها تحتضننا جميعًا بعينيها.

ارتفع أذان المغرب، لنجتمع جميعا لتناول الإفطار معًا كعادتنا سويًا. كان طعم الأكل مختلفًا؛ فهو شهي وزكي الرائحة أكثر من المعتاد. كان أبي يطعمنا جميعًا بيديه، ولذلك كان لذيذًا جدًا. طعام لا يمكن وصفه.

استأذن أبي جدي في عودتنا إلى منزلنا؛ فهو متعب، وشكره على استضافته لنا. تصنّع جدي الغضب وقال له: "أتشكرني لبقاء أحفادي ببيتهم!؟"

ضحك أبي وقبل رأس جدي واعتذر منه، وضحكنا جميعًا. بعد نصف ساعة كنا في طريقنا إلى المنزل.

بعد أن دخلنا ارتفع صوت المؤذن بالعشاء، فقال لنا أبي: "اليوم أنا متعب، فلنصلي هنا في البيت العشاء والتراويح ثم ننام، وفجرا لنا أحاديث طويلة بإذن الله".
ركضنا جميعا لنتوضأ، ثم صلينا خلف أبي.
بعد الصلاة ذهب أبي إلى النوم وكذلك صافي، إلا أن أمي أخذت في غسل ملابس أبي وملابسنا. وذهبت إلى المطبخ لتعد لنا الكعك الذي يحبه أبي وبعض الأيس كريم والزبادي المنزلي، وتفعل الكثير من الأشياء وهي تتحدث بصوت لا يسمع. ذهبت لها أنا و(أكرم) لنساعدها فابتسمت لنا وأوكلت إلينا مهام بسيطة، كنا نؤديها بحب كي نساعدها؛ فقد علمتنا أمي أن نفعل كل شيء بحب ليكون أجمل ما يمكن، وأن نعمل بحب لمن نحبهم ليشعروا بحبنا لهم.
اقترب منها (أكرم) وسألها عن همسها ماذا تقول فيه. ضحكت وقالت لنا: "أدعو الله أن يبارك لي فيكم ويحفظكم لي، وادعوه أن يجعل طعامي شهيًا لتستمتعوا به، وأدعوه بأن يزيدنا محبة وسعادة، وأدعوه ألا يحرمني مناجاته والأنس به ودوام ذكره وحسن الظن به، وأن يجمعني بكم في جنته مع النبي الهادي محمد ﷺ، ثم أذكر الله بالتسابيح"
سألتها: "بماذا تذكري الله يا أمي؟"
ردت بحب: "أقول (سبحان الله، الحمد لله، لا إله إلا الله، الله أكبر، لا حول ولا قوة إلا بالله العلي العظيم)"
طلبنا من أمي أن ترددها بصوت مرتفع وببطء لنردد وراءها. وظللنا هكذا حتى انتصف الليل وذهبنا إلى النوم.

ماذا يعني وجود أبي معنا؟

هو أن ننام بعمق مطمئنين، هو أن نضحك بلا خوف، هو أن نلعب ونتعلم، هو حكايات جميلة لا تنتهي، هو حنان وحضن دافئ لا يبرد، هو أن تكون بخير.

استيقظنا للسحور لنشارك أبي في كل شيء. كالعادة جلسنا حوله، وعلى رجليه جلست (صافي). أخذت أمي بلقيمات تضعها في أفواه الجميع بدءًا بأبي وانتهاءً بـ(صافي). ثم يأخذ أبي دورها ليضع في أفواهنا لقيمات وهو يبتسم. أردنا المشاركة فسمح لنا أبي بذلك، يا لها من متعة أن تطعم من تحب ما يحبه ليبتسم لك أو يشكرك! السعادة تملأك وتشعر أن الطعام الذي يأكله من تحب نزل بمعدتك أنت فتشبع. انتهينا من الطعام فأحضرت لنا أمي الكعك الذي أعددناه معها ومعه أكواب الحليب الممزوجة بالشيكولاتة الذي نعشقه. وقالت: "الكعك الليلة مميز؛ فقد ساعدني (آدم) و(أكرم)، ولذلك سيكون شهيًا" هللت (صافي) وشجعنا أبي وتناول قطعة منه ليتذوقه ـكنا ننتظر رأيه بقلقـ ثم قال لنا: "يا للروعة إنه شهي وممتع! تذوقي يا أمي وأنتِ يا (صافي)" وأطعم أمي التي قالت لنا: "لن أقوم بإعداده دونكما؛ إنه لذيذ جدًا، تذوقاه"، ثم أعطتنا قطعتين لنتذوقه.

كانت (صافي) صامتة، فالتفتنا إليها لنسألها، فإذا بها تمسك ببقية الكعكة وهي تقول: "وهذه لي وحدي"، ثم ضحكت ونحن

معها، ثم أكملت: "رائع! ستجعلاني أعده معكم المرة القادمة وإلا لن أعطيكما منه شيئًا"

وعدناها، فابتسمت، وأطعمتنا بيدها الكعك.. لقد ازداد حلاوة بيديها.

ارتفع أذان الفجر، لنصلي جميعا خلف أبي بعد أن فرشنا أسناننا وتوضأنا. بعد الصلاة جلسنا لنقرأ القرآن مع أبي حتى طلوع الشمس، ثم أخذنا نسبح لنصف ساعة أخرى، ثم صلينا الضحى وذهبنا إلى النوم.

استيقظنا عقب أذان الظهر، وبعد الصلاة جلسنا مع أبي الذي أخبرنا بموعد سفرنا غدًا إلى بيت جدي بالشرقية، حيث سنقضي آخر أيام رمضان وأول أيام العيد كما اعتدنا كل عام. ذهبنا وأبي معنا إلى أمي لنساعدها في إعداد الحقائب وكل ما يلزم للسفر.

انتهينا من إعداد كل شيء قبل أذان العصر بنصف ساعة، فجلسنا لنستريح قليلًا. فقال لنا أبي: "يبدو أننا نسينا شيئًا هامًا"

نظرنا له بقلق، فقال لنا: "لقد نسينا ملابس العيد".

شعرنا بالأسف وتمتمنا بقول: "لا مشكلة يا أبي، لا يهم".

ضحك أبي وضمنا إليه وقال: "أعددت لكم مفاجأة"

ثم أخذنا جميعًا إلى غرفته حيث حقيبته السوداء الكبيرة، وقال لنا: "هنا تنتظركم ملابس العيد".

ثم التفت إليّ ليسألني: "ماذا تريد أن ترتدي في العيد؟"

أجبته بفرحة: "بزة كبزتك العسكرية"

التفت أبي لـ(أكرم) ليسأله فاختار مثلي. أمسك أبي بالحقيبة ليفتحها ويُخرج منها بزتين كبزته العسكرية، كتب على جيب صدر إحداهما (النقيب آدم) والأخرى (النقيب أكرم).

طرنا من الفرح وأخذنا نقبل أبي، الذي احتضننا بقوة وهو يقول: "ولداي الحبيبان، أنا لا أنساكما وأعرف ما تحبان".

كنا نمطر أبي بالقبل، غير أن (صافي) قالت بحزن: "ولكنك نسيتني يا أبي!"

ثم ركضت إلى حضن أمي تبكي، اختطفها أبي من حضن أمي وأخذ يقبلها وهو يقول: "كيف أنسى أميرتي الحلوة؟! هذا لم ولن يحدث. لقد أحضرتُ لك فستان الأميرات الوردي الذي أعجبتِ به"

قبلت (صافي) وجنتيْ أبي قائلة: "أحبك أبي، أحبك كثيرًا"

قبلها أبي وهو يقول: "وأنا أيضًا، هيا لتري فستانك أميرتي الحلوة"

أخرج لها أبي فستانًا رائعًا بلون الورد، مثبتة به زهرة وردية، وله تاج من الورود. أصررنا على تجربة ملابس العيد، فأخذ أبي يعلمني أنا و(أكرم) كيفية ارتداء البزات العسكرية، في حين ألبست أمي (صافي) الفستان. منحتنا أمي حضنًا طويلًا، ثم أجلستنا لتلتقط لنا بعض الصور التذكارية. جلسنا أنا و(أكرم) وبيننا (صافي) ونحن نحتضن بعضنا، كانت صورة جميلة جعلت أمي تبكي. ضحك أبي وقال ممازحًا: "يبدو أن أمكم حزينة؛ إذ لم تأخذ ملابس العيد"

ضحكت أمي، ومسحت دموعها ونحن معها. ذهب أبي إلى الحقيبة وأخرج منها أجمل بزة نسائية رأيتها في حياتي؛ فهي بلون وردي مطعَّم بالأبيض والأحمر، ولها حجاب وردي اللون، مع حذاء وحقيبة سوداء بهما خطوط حمراء ناعمة. لم تتمالك أمي نفسها من البكاء، حتى أنها لم تستطع الحديث لمدة خمس دقائق. أصر أبي أن ترتدي ملابس العيد ليراها عليها. ارتدت أمي الملابس فكانت فاتنة بوجنتيها الحمراوتين. همست لأبي: "أحبك، ذوقك فاتن"

داعب أبي مؤخرة رأسه ليبعثر شعره وهو يشعر بالخجل: "هل أعجبك؟ أتعلمين؟ لم أستطع أن أرى فيه غيركِ، ولكنكِ أجمل مما تخيلت فاتنتي"

ضحكنا جميعًا، فانتبه أبي وأمي لنا فشعرا بالخجل، فأصرّ أبي أن يلتقط لنا بعض الصور ليحتفظ بها في جواله لتكون رفيقته في الجيش. أجلس أمي وحدها، ثم مع (صافي)، ثم معنا جميعًا، ثم أخذ لكل منا صورة منفردة، وصورة تجمعني

بـ(أكرم).

دق جرس الهاتف، فإذا به جدي لأمي يتعجلنا بالحضور.

همست أمي لأبي ببعض الكلمات، فأسرع إلى الخزانة ليخرج قميصًا ورديًا وبزة كحلية ورابطة عنق زرقاء، وقال لنا: "ملابس العيد الخاصة بي. لقد أحضرت لي أمكم هدية رائعة!" أصررنا على أبي أن يرتديها. كانت كأنها صُنِعت خصيصًا لأجله. أخذت أمي تلتقط لنا الصور ونحن نضحك. ارتفع أذان العصر، فركضنا لنبدل ملابسنا ونضع ملابس العيد في حقيبة خاصة لنأخذها معنا. ثم صلينا العصر خلف أبي، ثم أسرعنا إلى جدي.

استقبلنا خالي قائلًا: ''اذهبوا إلى حجرة جدكم فهو في انتظاركم''

ركضنا إلى جدي، الذي استقبلنا فاردًا ذراعيه لنا، فاندفعنا في حضنه. قبّلنا وهو يقول: ''أعلم أنكم لن تكونوا هنا في العيد، لذلك أحضرت لكم العيدية، ولكنها مختلفة عن كل عام''. ثم أخرج لنا ثلاثة أظرف وأعطى كل منا ظرفًا كتب عليه اسمه. فتحت مظروفي فإذا به عملة معدنية تذكارية كتب عليها أنها أصدرت في احتفالات نصر أكتوبر. نظرت إلى جدي مندهشًا، فهز رأسه إيجابًا. اندفعت إلى حضنه وقبلت وجنتيه. فتح (أكرم) مظروفه، فإذا هي عملة كتب عليها (ذكرى احتفالات تأميم قناة السويس). جرى إلى حضن جدي وقبّله شكرًا. أما (صافي) فقد حصلت على عملة تذكارية لعيد العلم.

اندفعنا إلى أبي وأمي لنريهما ما حصلنا عليه. اندهشت أمي وقالت لنا: ''إنها هدايا قيمة جدًا وغالية، هنيئًا لكم''..

قال لنا أبي: ''هل شكرتم جدكم على هداياه القيمة؟''،

أجبناه بالإيجاب. أشارت لنا جدتي بأن نحافظ على الهدايا.

كان الوقت في بيت جدي رائعًا، وكالعادة كلما كان الوقت جميلًا مر سريعًا. عدنا إلى منزلنا وصلينا التراويح ونمنا.

استيقظنا في موعد السحور المعتاد. بعد صلاة الفجر أنزل أبي حقائبنا إلى السيارة، وحملت أمي حقيبة بها بعض الشطائر والكعك والشاي الممزوج باللبن؛ فقد أصرت أمي على عدم صيامنا لطول الطريق.

جلس أبي خلف المقود وبجانبه أمي، ونحن بالخلف، وكعادتنا في السفر يبدأ أبي رحلتنا بقراءة القرآن ونحن نردد خلفه، حتى نصل إلى حدود محافظة الشرقية، ثم نبدأ بالذكر. كانت الرحلة طويلة ولكنها جميلة؛ فنحن نتابع القراءة ونشاهد جمال الطبيعة.

وصلنا إلى بيت جدي، الذي استقبلنا مُرحِّبا، أما جدتي فقد احتوتنا بين ذراعيها وأدخلتنا وهي تقبلنا، ثم صعدنا إلى غرفنا لننام.

استيقظنا أنا وإخوتي قبل أذان المغرب بنصف ساعة، ذهبنا نبحث عن أمي وأبي، وجدنا أمي مع زوجة عمي وابنتها ريماس ذات التسع سنوات وجدتي لأبي في المطبخ يعدون طعام الإفطار. ابتسمتْ لنا أمي وأشارت أن نذهب إلى أبي في حجرة المعيشة. ركضنا إلى هناك فوجدنا أبي وعمي وابنه محمد وجدي يتبادلون الأحاديث. استقبلنا أبي فاردًا ذراعيه. اندفعنا إليه فضمنا بقوة، ثم همس لنا أن نسلم على عمي ومحمد. بعد أن سلمنا صحبنا محمد إلى غرفته لنلعب معه ببعض ألعابه.

ارتفع صوت آذان المغرب، فركضنا نغسل أيدينا ونذهب إلى المائدة لتناول طعام الإفطار. بعد الإفطار جلسنا بجوار أمي وجدتي التي قالت: ''لقد انتظرنا حضوركم حتى نُعِدّ كعك العيد معا، كما اعتدنا''

ابتسمت لها أمي وقالت: ''هل سنبدأ الليلة؟''

ردت جدتي: ''لكنكم عدتم اليوم، لنبدأ في الغد''

ردت أمي بابتسامة: ''لنبدأ الليلة أمي؛ فقد اشتقت لإعداده بناءً على تعليماتك''.. ابتسمت لها جدتي ودعت لها بالبركة.

ارتفع صوت المؤذن بأذان العشاء، لنذهب مع أبي وعمي وجدي ومحمد إلى المسجد لنصلي العشاء والتراويح.

عدنا قرب منتصف الليل، فوجدنا زوجة عمي تعجن وتقطع، وجدتي و(ريماس) و(صافي) ينقشون الكعك، ثم تذهب به أمي لتضعه في الفرن وتتابع تسويته. جرينا أنا و(محمد) و(أكرم)

لنساعدهم. أجلستنا جدتي لنضع السكر على الكعك، ثم تأخذه لترتبه في مكانه. قاربت الساعة على الثانية، كنا قد انتهينا من صنع الكعك ولازال أمامنا البسكويت والغُربية والمناقيش والقُرَص، وهي عبارة عن مخبوز بالملبن أو بالعجوة، والتي أخبرتنا جدتي بأننا سنقوم بإعدادها غدًا ليلًا.

سألت جدتي ونحن نتسحر: "لِمَ نقوم بإعداد الكعك وغيره ليلًا؟"

ردت بحب: "حتى لا نتعب من طول فترة جلوسنا أمام الفرن؛ فالجو ليلًا ألطف، كما يمكننا شرب الماء"

انتهينا من السحور، وأدينا صلاة الفجر، وذهبنا إلى النوم جميعا. وَعَدَنا جدي بمفاجأة في تمام العاشرة صباحًا. ذهبنا إلى النوم نتساءل عن ماهية المفاجأة.

استيقظنا وأولاد عمي في التاسعة، لم نستطع أن ننتظر إلى العاشرة؛ فكلنا يتساءل عن المفاجأة. استيقظت أمي وزوجة عمي فوجدتانا جميعًا جالسين نفكر في مفاجأة جدي. اقترحتْ علينا زوجة عمي أن نعمل عملًا مفيدًا حتى يستيقظ جدي. فسألناها ماذا نفعل؟، فأجابت بابتسامة رقيقة: "ما رأيكم أن نقرأ؟"

أعجبنا بالفكرة جميعا. ذهب (محمد) ليحضر بعضًا من كتبه لنقرأها. قالت أمي: "ما رأيكم أن نقرأ جميعًا قصة واحدة؟" سألتها (ريماس): "وكيف ذلك يا خالتي؟"

قالت لها أمي وهي تحتضنها: "سنختار جميعًا كتابًا نقرأه، وسيقوم كل واحد منا بقراءة صفحة للجميع، ثم يعطيها للذي يليه"

أيدنا جميعا الفكرة، فقامت أمي بعمل اقتراع على الكتب التي أحضرها (محمد). فاخترنا كتابًا لقصص الأطفال اسمه (السمكة مليكة)، لم يقرأه أي منا من قبل. رتبتنا أمي بحيث تبدأ زوجة عمي ثم (ريماس) ثم (محمد) ثم أنا وبعدي (أكرم) وأخيرًا (صافي) وأمي معًا. كانت القراءة هكذا ممتعة، حتى إن أخطأ أحدنا في القراءة صحح له الجميع.

ما إن انتهينا من القصة حتى وجدنا جدي وأبي وعمي قد استيقظوا. وفي تمام العاشرة انطلقنا مع جدي إلى حيث المفاجأة.

كنتُ و(محمد) ممسكين بيد جدي في المقدمة، أما (ريماس) فكانت ممسكة بيد أبي في المؤخرة، في حين أمسك (أكرم) بيد عمي وصافي متعلقة برقبة عمي. وصلنا إلى مزرعة جدي الصغيرة الملحقة ببيت صغير. أشار لنا جدي إلى خمس شجرات مختلفة الطول والنوع؛ الأولى شجرة مانجو زرعها جدي يوم مولد (ريماس) والآن هي بعمر التسع سنوات، ولأول مرة تمتلئ بالمانجو ذي الرائحة الزكية. بجانبها ثلاث شجرات بعمر السبع سنوات غُرِست مع مولدي أنا و(أكرم) و(محمد)، وهي محملة بالمشمش ذي النقاط الحمراء. وأخيرًا شجرة تفاح بعمر الخمس سنوات زرعت مع مولد (صافي)، كانت ممتلئة بالتفاح البلدي ذي الطعم الحلو. نظرنا إلى الشجر منبهرين، فقال جدي: "هذه أول مرة تثمر الخمس شجرات سويًا. ما رأيكم بهذه المفاجأة؟"

ركضنا نحو جدي نقبله، ثم اندفعنا نحو الخمس شجرات نحاول قطف ثمارها فلم نستطع، فجاءت المساعدة من أبي وعمي. أخذنا نملأ بعض الحقائب البلاستكية بالفاكهة، في حين عاد جدي ببعض القصب القصير الحلو. جلسنا نلعب ونلتقط الصور حتى ارتفع صوت المؤذن بأذان الظهر، فجمعنا حقائب الفاكهة والقصب وذهبنا إلى البيت الصغير لنصلي، ثم نجلس في البيت حتى العصر، لنعود إلى المنزل حيث أمي وزوجة عمي وجدتي.

بعد الانتهاء من صلاة الظهر، جلس جدي مع أبي وعمي يتناقشون. نادت علينا (ريماس) لنلعب سويًا. جلسنا على شكل دائرة تبدأ بـ(ريماس) وتنتهي بـ(صافي). قالت لنا (ريماس): ''ما رأيكم أن نلعب لعبة الحروف؟''

سألها (أكرم) بعجب: ''وما هي لعبة الحروف!؟''

ردت بحماس: ''كل منا يأتي بكلمة، والذي يليه يأتي بكلمة تبدأ بآخر حرف في كلمة من قبله. مِثل لو قال (محمد) كلمة (مصر)، سيأتي (أكرم) بكلمة تبدأ بالراء ولتكن مثلًا (رجل)، وهنا يأتي (آدم) بكلمة تبدأ بحرف اللام ولتكن (لمياء)، وهكذا... ما رأيكم؟''

أعجبنا بالفكرة وبدأنا باللعب، غير أن (صافي) شعرت بالملل فذهبت إلى أبي، الذي أجلسها على رجليه. بعد قليل نادى علينا جدي، فحضرنا ركضًا. فقال لنا جدي: ''اجلسوا. هل تعلمون عن ماذا كنا نتناقش؟''

نظرنا لجدي بعجب، فأكمل: ''كنا نتناقش في زكاة الفطر. هل تعرفون عنها شيئًا؟''

هززنا رؤوسنا بالنفي، فابتسم وقال لنا: ''زكاة الفطر هي مقدار صاع من قمح او أرز أو شعير أو تمر، وتجب على كل شخص في رمضان. حتى الذي وُلِد قبل شروق شمس العيد''

سألت (ريماس): ''وما هو الصاع؟ وكيف يُحسب؟''

نظر لها أبي مبتسمًا وقال: ''الصاع وحدة وزن قديمة استبدلناها بالكيلو جرام. والصاع على مذهب الإمام الشافعي

والإمام أحمد بن حنبل يساوي ثلاثة كيلو جرامات، أما على مذهب الإمام أبو حنيفة والإمام مالك يساوي كيلوين من الجرامات، ودار الإفتاء المصرية تعمل بالرأي الثاني، اي اثنين كيلو"

سأل (أكرم): "ولكن سعر التمر يختلف عن القمح وعن الشعير وعن الأرز، فكيف نحدد سعر الكيلو؟"

أجاب عمي مبتسمًا: "يحدد من غالب قوت الشعب، أي من النوع الذي يأكل منه أغلب الشعب. ولأننا نأكل الخبز وهو مصنوع من القمح، لذلك نُخرج لكل فرد ثمن كيلوين من القمح"

ابتسم لنا جدي وسأل: "هيا، فلنحسب عدد أفراد عائلتنا، من سيحسب معي؟"

أجبت بسرعة: "أنا يا جدي"، فهز لي رأسه موافقًا، فأكملت وأنا أعد على أصابعي: "في بيتنا أنت يا جدي، وجدتي، وعمي وزوجته و(ريماس) و(محمد)، وأبي وأمي وأنا و(أكرم) و(صافي)، إذن نحن أحد عشر فردًا"

ضحك جدي وقال: "لكنك نسيت مولود عمك القادم؛ فزوجة عمك ستضع مولودًا خلال هذه الأيام. وبذلك سنكون اثني عشر فردًا"

تمتمتُ بخجل معتذرًا، فقبل عمي رأسي وقال: "لا يهمك، ولأجل خاطرك سأتركك لك تسميته، ما رأيك؟"

سألت عمي بلهفة: "حقا يا عمي!؟"

فهز رأسه بنعم، فقلت له: "إذا جاء صبي فلنسمِه (يوسف) على اسم النبي عليه السلام، وإن جاءت بنت فلنسمِها (ندى)"

سألني جدي: "ولِمَ (ندى)؟"

قلت له: ''لأنه لا يمكن تسميتها (صافي)؛ لأنها واحدة فقط. و(ندى) اسم رقيق''
جرت (صافي) نحوي وقبلتني واحتضنتني. كم أحبها تلك الأميرة الصغيرة!
وافق عمي على اختياراتي.
أتم جدي حسابات الزكاة وقال لنا: ''الآن ستعودون مع أبوكم وعمكم للمنزل، أما أنا فسأذهب لأخرج الزكاة لمستحقيها''
عدنا سريعًا إلى المنزل وبحوزتنا الفاكهة التي جمعناها، ونحن نغني فرحين. ما إن وصلنا إلى المنزل حتى وجدنا العديدات من نساء العائلة اللاتي نراهن في المناسبات، يذهبون ويجئن محملات بأغراض كثيرة. استوقفهم أبي وسألهم عما يجري، فأجابت إحداهن أن زوجة عمي تضع مولودها، والطبيبة معها الآن. تملك منا الاضطراب، وعمي أصبح قلقًا بشدة. جذبه أبي ونحن من خلفه وقال لنا: ''الآن سنتوضأ جميعًا لنصلي ركعتين لله ليخفف عن زوجة عمكم ويرزقها بمولود صحيح معافى، ويعطيها الصحة، ثم نجلس نقرأ لها القرآن. هيا!'' انطلقنا جميعًا لننفذ أمر أبي. انتهينا من الصلاة، وقبل أن نقرأ القرآن جاءتنا البشارة بأن زوجة عمي وضعت بنتًا. قبلني عمي وقال لي: ''(ندى) يا آدم، (ندى)''، ثم ركض ليرى زوجته و(ندى). ونحن من ورائه.

(٤٠)

ركضنا خلف عمي، غير أن أبي استوقفنا وقال لنا: "انتظروا هنا. لا يمكنكم الذهاب الآن"

سألته: "ولكن متي يا أبي؟"

رد بهدوء: "عندما ينصرف الناس وترتاح زوجة عمكم و(ندى)"

سأله (أكرم) بفضول: "وهل فعلتَ ذلك عند ولادتنا يا أبي؟"

ابتسم أبي وقال لنا: "يوم ولادتكم كان مختلفًا بحق"

سألته بفضول: "وكيف ذلك يا أبي؟"

أغمض والدي عينيه لدقيقتين وهو يبتسم، ثم قال: "عندما تزوجتُ بأمكما أرادت أن نذهب إلى العمرة معًا. وحيث أن ظروف عملي لم تسمح قبل شهر رمضان، فقد أجلنا العمرة، وعندما قدم رمضان كانت أمكما تحمل بكما، وكانت بالشهر السابع، فأردتُ أن نؤجل العمرة فحزنتْ، فاستشرنا طبيبها المتابع فسمح لنا بالذهاب. وصلنا إلى الأراضي المقدسة في العشر الأواخر من رمضان. يا لجمال رمضان في رحاب مسجد رسول الله ﷺ وفي مكة المكرمة! لم نشعر بأي تعب أو إرهاق، حتى تعب أمكما المعتاد في الحمل لم تشعر به. حتى جاءت ليلة السابع والعشرين، وكنا نصلي التهجد في المسجد الحرام، وما إن سلّم الإمام حتى فاجأت والدتكما آلام المخاض، ووضعتْكما في الحرم.. كان وجهاكما كالبدر"

اندفعت (صافي) إلى أحضان أبي وهي تسأله: "وأنا وأنا يا أبي؟"

قبلها أبي وأجاب: "أنتِ يا أميرتي كانت ولادتك صعبة؛ فقد عانت أمك كثيرًا، حتى أن الأطباء كانوا قلقين بشدة. وأرادت والدتك أن تراني، ولكن الأطباء رفضوا. فطلبتُ منهم إحضار سجادة الصلاة، ثم شرعتُ في الصلاة لله ركعتين بنيه تيسير ولادتك والتخفيف عن والدتك وأن يعطيها العافية. ثم جلستُ أقرأ سورة يس بنفس النية، وبعد أن انتهيت من قراءتها للمرة الثالثة، سمعتُ صوتك صغيرتي، وأقبل الطبيب يبشرني بك ويطمئنني على والدتك أنها بخير"

أقبلت والدتي مع عمي وجدي الذي يحمل (ندى) لنقبلها جميعًا.

قرر جدي الاحتفال بعقيقة مولد (ندى) في أول أيام العيد، ليصبح عيدنا عيدين.

حمل عمي (ندى) إلى جدي، الذي أذَّن في أُذنها اليمنى وأقام الصلاة في أُذنها اليسرى، ثم أمسك بتمرة ووضعها في فمه، وقبل أن يبلعها وضع أثر منها في فم (ندى) وهو يسمي الله، ثم أعاد (ندى) إلى أمي لتأخذها إلى زوجة عمي لتنام بجوارها. سألتُ أبي: ‏"‏لماذا أذَّن جدي في أذنها اليمنى وأقام في أذنها اليسري؟‏"‏

أجاب أبي بابتسامة: ‏"‏هذه سنة عن النبي ﷺ لكل مولود، نسمعه الأذان في أذنه اليمنى ونقيم الصلاة في اليسرى؛ ليكون أول ما يسمعه هو صوت الأذان. وهذا ما فعله رسول الله ﷺ عندما هاجر إلى المدينة وأقبل الصحابي الجليل الزبير بن العوام ـأحد العشرة المبشرين بالجنةـ بولده عبد الله أول مولود للمسلمين في المدينة‏"‏

سأله (أكرم) عن التمرة التي وضع جدي أثرها في فم (ندى) بعد أن مضغها في فمه، فرد بنفس الابتسامة: ‏"‏هي سنة عن النبي ﷺ، وكان عبد الله بن الزبير بن العوام أول مولود وضع الرسول ﷺ أثر التمرة التي مضغها في فمه. وقد فعل جدكم هذا معكم جميعًا، غير أن (أكرم) و(آدم) قام إمام الحرم المكي بما قام به جدكم‏"‏. ثم التفت إلينا سائلًا: ‏"‏هل تعلمون من هي والدة عبد الله بن الزبير؟‏"‏

رفع (أكرم) يده، فأشار له أبي ليجيب، فقال: ‏"‏إنها السيدة أسماء ابنة سيدنا أبي بكر الصديق ـرضي الله عنهـ صاحب رسول الله ﷺ، وهي أخت السيدة عائشة ـرضي الله عنهاـ زوجة النبي ﷺ‏"‏

قبَّل أبي رأسه وهو يقول: "أحسنت"
تغيرت حياتنا في منزل جدي؛ أصبحنا لا نلعب إلا في بهو المنزل، وبصوت منخفض حتى لا تستيقظ (ندى)؛ فقد قالت أمي: "يجب أن نكون هادئين؛ فندى تحتاج إلى الكثير من النوم لتكبر سريعًا"

(٤٢)

أصبحت رؤية (ندى) وهي مستيقظة لحظات فرح نُكافأ عليها عندما نلتزم بالهدوء أو ننفذ ما يُطلب منا. كانت دقيقة اليدين، صغيرة الحجم، ذات وجه دائري يشبه البدر. كانت تستجيب إلينا عندما نقبل يديها أو نناديها بأن تحرك وجهها تجاهنا. كنا نشعر بفرحها لوجودنا بجانبها، حتى أنها تلتفت إلينا بسرعة، وحركتها مع سماع أصواتنا.

اقترب العيد، وعيدنا هذا العام عيدين؛ فنحن سنحتفل بعقيقة ندى. أتذكر سؤال (صافي) لأبي عن معنى العقيقة، فأجابها: ''إنها حفل بالمولود نذبح فيه شاه للفتاة واثنين للصبي، وندعو الجميع لتناول الطعام، ونتقبل التهاني بالمولود، وليس لها موعد محدد للاحتفال بها كالسبوع، والعقيقة سنة نبوية، أما السبوع فعادة مصرية قديمة من عهد الفراعنة''

سأله (محمد) عن السبوع، فأجاب: ''يحتفل المصريون بميلاد الطفل في اليوم السابع من مولده، وفيه يتم نثر سبع أنواع من الحبوب منها القمح والعدس والذرة والأرز، وفيه يوضع الطفل فيما يعرف بـ(الغربال)، وبجانبه مبخرة ملأى بالبخور، وتقوم الأم بالمرور من فوقه سبع مرات، مع دقات الهاون، وتلقين الصبي بسماع كلام والدته ووالده وجديه وجداته، كما يُرمَز للصبي فيه بإبريق يوضع به الشمع، أما الفتاة فيرمز لها بالقُلَّة، يوزع فيه البُشار والفول السوداني والشيكولاتة وما يُعرَف بالملبس، وهو فول أو لوز أو بندق مطلي بطبقة سكرية ملونة''.

سألته (ريماس): "وهذا يعني أننا لن نقيم سبوع لـ(ندى)!؟"
رد جدي الذي حضر لتوه: "سنقيمه بالطبع؛ فمعكم جميعًا كنا
نقيم العقيقة والسبوع معًا. والآن لتذهبوا لتساعدوا جدتكم
ووالدة (آدم) في تجهيزات العقيقة والسبوع".
ذهبنا جميعًا إلى المطبخ حيث أمي وجدتي ترتبان الأغراض،
وتعدان القوائم للمتطلبات.

في صبيحة آخر يوم من رمضان، ذهب أبي وعمي باكرًا إلى السوق، وعادا ظهرًا مع شاة بيضاء جميلة، والكثير من أكياس اللحم البقري، وكل مستلزمات العقيقة. ركضنا نحمل ومعنا أمي لنحمل الأغراض ونرتبها. ثم انطلقنا جميعًا حيث الشاة المربوطة بالحديقة لنطعمها ونلعب معها، إلا (ريماس) التي أصرت على مساعدة أمي في المطبخ. كان أبي وجدي وعمي خارج المنزل يدعون الأقارب وشيخ المسجد ومُقرئ القرية، وشيوخ العائلات، للعقيقة التي ستقام بعد عصر يوم العيد. كان الوقت يمر سريعًا، والجميع يحاول الانتهاء من الأعمال الموكلة إليه، حتى فطور ذلك اليوم كان على عجل، وذهب كل منا إلى الانتهاء من أعماله.

كانت ليلة عيد الفطر مختلفة عما توقعنا؛ فبعد صلاة العِشاء جاءت جدة (ريماس) لأمها وخالاتها وبعض نساء العائلة. كُنّ محملات بالكعك والبسكويت ومخبوزات العيد والخبز. قسموا أنفسهن إلى مجموعات؛ بعضهن للتنظيف، بعضهن لإعداد السبوع، وبعضهن للمساعدة في إعداد الفطائر والمعجنات. أما أمي فاهتمت بنا جميعًا نحن وأبناء عمي؛ فقد قامت بالإشراف على اغتسالنا وكي ملابس العيد وإطعامنا بيدها؛ فقد تجاوزت الساعة منتصف الليل دون أن نأكل جيدًا، ثم أصرت أن ننام ولو قليلًا، حتى تسمح لنا بالذهاب مع أبي وجدي وعمي لصلاة العيد. كانت حنونة معنا جميعًا؛ فقد وضعت (صافي) الغافية بين يديها في سريرها، واحتضنت (ريماس) والتي تدللها دائما

بالأميرة (ريمي) وقبلتها وأدخلتها الفراش بجانب (صافي). ثم أخذت ثلاثتنا أنا و(أكرم) و(محمد) إلى غرفتنا وقبلتنا جميعًا وأدخلتنا الفراش بعد حضن دافئ.

ارتفع صوت مؤذن الفجر، فأسرعت أمي بإيقاظنا لنصلي العيد كما وعدتنا. توضأنا وألبستنا ملابس العيد، ثم أعطت كلًا منا سجادة الصلاة الخاصة به. ذهبنا إلى المسجد أنا و(أكرم) ممسكين بيد أبي في الخلف، يتقدمنا عمي و(محمد)، وفي المقدمة جدي. طوال الطريق يسلم علينا الجيران والأقارب وينضمون لنا، حتى وصلنا إلى المسجد وصلينا الفجر، ثم بدأت تكبيرات العيد. وكان إمام المسجد شيخا عطوفا، أخذَنا مع أطفال القرية حول مكبر الصوت وعلَّمنا التكبيرات، ثم سمح لكل منا أن يكبِّر مرة به. كانت أعداد الناس في ازدياد، حتى أشرقت الشمس، فتقدمنا إمام المسجد لخارجه. أمسكتُ بيد أبي وسألته بتعجب: ''إلى أين يا أبي؟! ألن نصلي العيد!؟''

رد وهو يمسك بأيدينا بقوة حتى لا نضيع بالزحام: ''من سنن صلاة العيد أن نصليها في الخلاء، أي في الهواء الطلق، لذلك نذهب للصلاة في ساحة القرية الكبيرة''

ما إن وصلنا إلى الساحة، حتى وجدنا بعضًا من نساء البلدة وفتياتها جئن للصلاة، فسأل (أكرم) أبي: ''لِمَ لم تأتِ أمي و(صافي) و(ريماس) وجدتي للصلاة!؟''

رد أبي وهو يساوينا في الصف بعد أن وضع سجاد الصلاة: ''لانشغالهن بزوجة عمك و(ندى) والضيوف والعقيقة''

صلينا العيد، ثم وقف الإمام ليلقي خطبة العيد، ثم أقبل الجميع يهنئ بعضهم بعضًا بالعيد. ذهبنا إلى حيث مقابر القرية لنقرأ الفاتحة لموتانا وموتى المسلمين كما جرت العادة.

همس لنا أبي: "في كل عيد نذهب إلى أجدادنا وأعمامنا وأخوالنا وكل موتانا وندعو لهم بالرحمة ونقرأ الفاتحة، ثم نوزِّع بعضًا من فطائر اللبن والبلح على الجميع، وتسمى الرحمة، ونضع بعض من النباتات على القبور كما أمرنا النبي ﷺ بوضع النباتات على قبور الأموات لتسبِّح طوال عمرها فتخفف عن الميت"

انتهى جدي وعمي من توزيع الرحمة، ثم أخذنا طريقًا آخر للعودة إلى المنزل. سأل (محمد): "ولِمَ غيَّرنا طريق العودة؟"

رد عمي بهدوء: "حتى نهنِّئ من لم نهنئه بالعيد"

كان الأطفال يركضون ليسلموا علينا ويأخذوا العدية من جدي، كنا نتعجب، فهمس لنا أبي: "لقد اعتاد جدكم على إعطاء أطفال القرية بعض المال كعيدية ليُفرح قلوبهم"..

همس لنا عمي: "عندما كنا صغارًا كان جدي يقوم بما يفعله جدكم، وعندما سألناه عن السبب، قال لنا: (حتى لا أجرح شعور اليتيم؛ فهو يأخذ العيدية مثل بقية الأطفال، فلا يشعر بأنه أقل منهم، وليفرح مثله مثل الجميع أنه أخذ عيديته). ومن يومها وأصبحت عادة موروثة في العائلة".

عندما وصلنا إلى المنزل وجدنا طعام الإفطار ينتظرنا. التهمنا الطعام التهامًا، ثم ذهبنا حيث الشاة نودعها؛ فهي ستذبح بعد ساعة. نادى علينا جدي ثم وزَّع علينا العيدية والتي كانت مبلغًا كبيرًا من المال. كانت فرحتنا غامرة، وركضنا نقبِّل جدي. تركنا جدي ليذهب إلى الجزار. جاء أبي وعمي وأعطونا العيدية، وكانت مبلغًا كبيرًا أيضًا.

في تمام العاشرة كان جميع رجال العائلة قد أعطونا العيدية، وأصبح معنا الكثير من المال. جلسنا نتشاور ماذا نفعل بهذا المال. وبعد خمس دقائق من المداولات اتفقنا على أن نعطي العيدية بأكملها لأبي ليحضر هدية لـ(ندى) وزوجة عمي. ركضنا نحو أبي والذي ذُهِل من قرارنا، ولكنه وافق على شراء الهدية، ولكنه سألنا عن نوع الهدية. أصابتنا الحيرة ولم ندرِ ماذا نختار. دخلت أمي علينا لتضع لنا بعضًا من كعك العيد. سألتنا عن سبب حيرتنا، فما إن عرفت السبب حتى قالت ببساطة: "هل تذكرون محل الذهب بأول المدينة؟ إنه لا يُغلِق أبوابه في العيد، فلتحضروا خاتمًا لـ(ندى) باسمكم جميعًا" أعجب أبي بالفكرة ونحن معه، وذهب إلى المحل ليشتري الخاتم.

بعد أذان العصر امتلأ المنزل بالضيوف لحضور العقيقة. كان الطعام موضوعًا على طاولات مصفوفة بجوار بعضها في الحديقة. كان الحضور يذهب ليأكل، وما إن ينتهي حتى يترك مكانه لغيره. وما إن تفرغ طاولة من طعامها حتى يوضع

غيره. جاءت زوجة عمي بـ(ندى) بعد انتهاء الجميع من الطعام، أقبل عليها الضيوف يقبلون يد (ندى) ويعطونها هداياها. بعضهم أحضر قطع حلي ذهبية تناسب زوجة عمي أو (ندى)، والبعض أعطى مظروفًا من المال. ظل المكان مزدحمًا حتى العِشاء. وانصرف الجميع محملين بأكياس السبوع والعقيقة لأهل بيوتهم.

ذهبنا إلى أبي ليعطينا هدية (ندى)، والتي أشارت علينا أمي أن نعطيها لها بعد انصراف الجميع مع هدية أبي وأمي؛ حتى لا تضيع مع الزحام. ذهبنا ثلاثتنا إلى زوجة عمي، ثم قبلنا وجنتيها ويد (ندى)، التي استيقظت مع سماعها صوتنا، وحركت رأسها تجاهنا فرحًا. أعطينا زوجة عمي الهدية، والتي أمطرتنا بالقبل وهي تقول: "هذه أجمل هدية جاءت لـ(ندى). يا لرقة مشاعركم يا أولادي!"، وأصرت على أن يلتقط لنا عمي الصور مع (ندى).

كانت سعادتها هي أعظم عيدية جاءتنا بالعيد. أعطت أمي زوجة عمي هديتها هي وأبي، وكانت قرطًا لـ(ندى) وسوارًا لزوجة عمي، التي بكت تأثرًا.

في تمام الثانية عشر أقمنا سبوع (ندى)، والذي كان رائعًا. ولم يعكر صفونا إلا اتصال جاء لأبي من الجيش يطالبه بالانتهاء من إجازته والعودة غدًا مساءً على أقصى تقدير.

أخذنا نبكي؛ فقد انتهى العيد بالنسبة لنا، وسنُحرم من أبي قبل أن يقضي إجازته معنا. احتضننا أبي وقال لنا: "عندما تنادي مصر، فيجب أن نلبي النداء؛ فنحن أبناؤها ورجالها وحُماتها" مسحنا دموعنا، وأخذنا نرتب حقائبنا لنعود فجرًا إلى منزلنا. بعد صلاة الفجر ودّعنا الجميع ثم سافرنا. غلبنا النوم في

الطريق. وصلنا إلى المنزل ظهرًا، تناولنا بعض الطعام الذي اشتريناه، ثم حمل أبي حقائبه وودعنا ليلحق بصديقه (هيثم) ليسافرا إلى سيناء. ودّعناه بالدموع والقبل والدعوات بعودته سالمًا.

كنا نشعر بحزن عميق، غير أن أمي قالت لنا: "ما رأيكم أن نُعِدّ لوالدكم هدية عند عودته؟"

سألناها عن نوع الهدية، فقالت لنا: "لنفكر سويًا"

أخذنا الحماس، وبدأنا مناقشاتنا حول الهدية.

عبر عن رأيك

اقترح موضوعات تحب أن تقرأها في الأعداد القادمة لسلسلة بذور التربوية.

قم بمسح هذا الكود لتراسلنا بهذه الصفحة بعد تصويرها من خلال واتس آب الدار